교만

소중한 것들을 잃어버리는 타락

교만

김일환 지음

규장

○

이 책을 읽는다고
그대의 인생이 바뀌지는 않을 것입니다

그러나
이 책을 읽으며
그대의 지금은 바뀌어 있길 기도해봅니다

읽고 싶은 순서대로 읽으십시오

모든 것은 그대 뜻대로입니다

그러나 곧 그분 뜻대로 읽힐 것입니다

그것이 그분의 순서입니다

○

1

누구나 무명일 때가 있다. 나 역시 그렇다. 그때는 "주
님 한 분만으로 만족해요"라고 고백했다. 그때는 엄청난
인지도는 아니어도 사람들이 인정해주고, 칭찬해주고, 찾
아주는 상황이 생기는 자체가 감사했다. 그러나 시간이 점
점 지나면서 주위 사람들에게 "너 예전 같지 않아!", "너
교만해졌어!"라는 말을 들을 때가 있었다. 처음엔 그 소리
에 기분이 나빴다. '나에 대해 잘 알지도 못하면서, 왜 쉽게
판단하지?'라는 생각을 했다.

그러나 이번에 김일환 목사님의 《교만》 원고를 읽으
며 나는 절규했다. 나의 적나라한 모습을 볼 수 있었고, 결
국 내가 엄청난 교만함을 가지고 있었다는 것을 깨달았다.

나는 소중한 것들을 잃어버리는 타락에 빠져 있었다. 그리고 이 책을 통해서 결국 내가 회복해야 할 아름다움이 어떤 것인지를 깨달았다. 정말 많은 도움을 받았다.

이 책은 그동안 그리스도인들이 관용적으로 알고 있던 '교만'에 대해서 이야기하지 않는다. 이 책은 오히려 매서울 만큼 마음속에 숨어 있는 진실에 대해 다룬다. 그래서 아프지만 회복된다. 관점의 주어가 '나'일 때 우리는 그것이 교만인지 알지 못했다. 그러나 관점의 주어가 '하나님'일 때 비로소 모든 것이 정확하게 보였다.

새들백교회 릭 워렌 목사님은 《목적이 이끄는 삶》에서 다양한 버전으로 번역된 성경을 보여준다. 그 이유는 독자들이 단순히 한 가지 해석에 얽매이지 않고, 말씀의 본질과 적용 가능한 의미를 더 풍성하게 경험하도록 하려는 목적을 가지고 있다고 설명한다. 독자들이 성경 말씀을 더 깊이 이해하고, 그 의미를 폭넓게 받아들일 수 있도록 의도적으로 여러 번역본을 활용했다고 말이다.

이 책에서 말하는 '교만'도 마찬가지다. 다양하고 풍성하고 정확하게 교만을 알려준다. 김일환 목사님의 전작인 《혼자》, 《무명》, 《관계》 역시 마찬가지다. 그동안 우리가 생각하지 못한 방식으로, 우리 신앙의 아름다움과 아픔을 만져준다.

그렇기에 나는 이 책을 추천한다. 내가 아는 모두에게 추천하고 싶다!

나도움 목사 | 스탠드그라운드 대표 《얘들아, 학교를 부탁해》 저자

2

　김일환 목사님의 《교만》은 모든 관점의 주어가 '나'이길 원하는 교만의 속성을 기점, 정점, 종점 순으로 탁월하게 궁구하였습니다. 특히 중반 이후로 성경을 횡단하며 삶과 신앙의 사유를 풀어낼 때는 쾌감을 느끼기도 했습니다.

　교만의 반대말은 겸손이 아니라 자기 부인이고, 자기 부인은 결국 하나님을 향한 지독한 사랑이며, 그 사랑은 단연코 순종으로 증명된다는 저자의 3단 논법만으로도, 또한 광야에서 40일을 주리고 취약해진 예수를 시험하며 괴롭힌 것이 마귀가 아니라 바로 우리 자신이라는 저자의 통렬한 지적만으로도 이 책을 읽을 가치가 충분합니다.

　지금까지 쉰다섯 해를 살았습니다. 아픔도 적지 않지만 많은 이들에게 과분한 대접을 받은 인생이었습니다.

내심 제 사람됨과 글솜씨가 뛰어난 덕분이라고 생각했는데 (부끄럽지만 지금도 완전히 아니라곤 못하겠네요) 이 책을 읽으니 알겠습니다. 예수님을 태운 어린 나귀가, 사람들이 자기에게 겉옷을 깔아주고 자기에게 호산나를 외친다고 착각한 꼴이었네요.

전도사 무디는 말했습니다. 하나님은 자기 자신으로 가득 차 있는 사람, 즉 교만한 사람 외에는 아무도 빈손으로 보내지 않으신다고요. 본서의 마지막 책장을 넘긴 분이라면 아무도 빈손으로 남아 있지 않으리라 확신합니다.

박총 목사 | 《욕쟁이 예수》 저자

3

단언컨대 난 교만하지 않다. 다만 솔직할 뿐이라고 스스로 합리화하면서 산다.

어느 날 "형님, 추천사를 부탁합니다"라며 저자에게 전화가 왔다. 나는 그에게 많은 사람들 중 왜 내게 추천사를 부탁하는지 물었다. 그러자 "한국 교계에서 형님이 청년들 사이에서 가장 잘나가시니까요"라는 대답이 돌아왔다. 행복했다. 기분이 좋았다. 그러나 그의 글을 받고 보니 제목이 '교만'이었다. '이 자식이(?) 나더러 교만하다고 대놓고 말하는 거구나, 이 자식이(?) 나를 여러모로 먹이는구나' 싶었다.

그러나 그의 글을 읽으면서 나는 어느 순간부터 고개를 끄덕이고 있었다. 읽을수록 몰입이 되며, 이건 나중에

써먹으면 좋겠다고 밑줄을 치게 되었다. 그러다가 또 어느 순간에 내 얼굴에 열이 오르는 것을 느꼈다. 그는 나단 선지자처럼 "당신이 그 사람이다!"라고 지적하지는 않았다. 그러나 저자가 계속해서 그려내는 교만한 사람이 '나'라는 것을 정확히 느꼈기 때문이다. 아니 거부할 수가 없었다.

이 책에는 저자의 깊이 있는 신학적 방식들이 있다. 책을 읽을수록 내가 책을 읽는 것이 아니라 책이 나를 읽는 느낌이 들었다. 이윽고 내가 잃어버린 처음 마음(초심)을 떠올리게 되었다. 처음 교회를 개척하던 어려운 시절, 아무 것도 아닌 나를 붙잡아주신 나의 하나님, 은혜, 모든 것이 은혜였다. 그러자 얼굴의 열은 내리고 대신 가슴이 뜨거워졌다.

이 책을 읽고 겸손해졌다고는 말하지 못하겠다. 다만 열심히 달려가는 중에 무엇을 놓치고 있었는지는 확실하게 알게 되었다. 내가 붙잡아야 하는 가장 소중한 것을 알고 싶다면 이 책을 읽으라. 주저하지 않고 당신에게 이 책을 추천한다.

임형규 목사 | 라이트하우스서울숲 담임 《대체 왜 나를 사랑하세요?》 저자

4

　소셜미디어 영역에서 하나님나라의 문화를 확장하겠다고 나선 지 7년. 내게는 다른 사람들이 부러워할 만한 좋은 결과물이 있다. 그래서 이제 이 분야에서만큼은 누군가를 가르칠 수 있을 만큼 어떤 정확한 방식들을 갖추었다고 확신했다. 한 분야에 몰입하다보면, 그 분야를 바라보게 되는 세계관과 나만의 문제 풀이 방법을 갖추게 되는 것이 당연한 상식이 아니겠는가. 많은 사람들이 나를 칭찬한다.

　그러나 이번에 출간된 김일환 목사님의 《교만》을 읽으면서 나는 깨달았다. 내가 확신했던 그 상식이 문제였다. 더 나아가 다른 사람에게 확신을 줄 수 있다는 나의 방식도 문제였다. 이 책은 '나의 모습'을 다양한 관점에서 다양한 방식으로 보게 한다. 그래서 거울 같기도 하고, 유리 같기도 하다. 결국 이 책은 우리가 마음 깊이 품고 있는 '교만'

이 어떤 것인지 알려주는 리트머스 종이와 같다. 백이면 백 놀랍게도 당신 안의 교만을 딱 골라 추출해준다.

또 이 책은 단호하게 자기만의 상식을 거절한다. 내가 바라보는 세계관, 나만의 문제 풀이 방법을 거세한다. 세월을 지나오며 갑옷처럼 겹겹이 두른 나만의 인식체계(혹은 삶의 습관) 자체가 교만이라면, 어쩌하겠는가? 지금 내가 선하다고 여겼던 말과 행동이, 하나님의 관점에서는 한참을 벗어난 악이었다면, 인정할 수 있겠는가? 자신만의 시선을 가질수록, 자신만의 해결 방식을 가꿀수록, 우리는 교만이라는 죄에서 벗어날 수 없다. 교만이란 자부심이나 탁월함의 그림자에 숨은 복병이다. 그래서 하나님의 일을 더 잘하려고 몸부림칠수록 더 짙은 교만의 그림자가 호시탐탐 사역자를 노리고 있다. 그렇기에 그리스도인이라면 이 전투에 치열해야 한다.

당신이 치열하게 삶을 살아오면서 자신만의 방식으로 갑옷을 만들었다면, 이제 말랑말랑하고도 유연한 겸손의 옷을 입을 차례다. 나도 이제 더 겸손하고 진실해지며 아름다워지는 방식을 추구하려고 한다. 내가 확신하는 지점들에 대해서도 말이다. 그래서 자신 있게 말할 수 있다. 당신이 이 책을 만난 것은, 당신에게 이 책이 필요하다는, 하나님의 강력한 요구일지 모른다.

황예찬 PD | 교회친구다모여 대표 《소셜미디어 사역을 부탁해》 저자

원의 신비

내 눈의 소원이었던
너를 생각할수록 너무 아파서

너로부터 시작해서
한 가지씩 멀리 걷고
한 걸음씩 더 멀리 걸었는데

결국에는 내 마음에 네가 있고
원을 돌듯 하얗게 네가 있고

원의 신비스러움처럼
멀리 갔다고 생각해서 그만 가면, 또 네가 있고
더 멀리 갔다고 생각해서 이젠 그만 가도

여전히 너는 하얗게 웃고 있고
신비스러운 원의 결론처럼
힘을 다해, 마지막 한 걸음까지 내디뎠는데도
결국 고개 들어보면 너를 향한 그리운
감각들만이_

둥근 공원을 산책하듯
결국 너에게서 멀어지면
다시 너에게로 가까워지는
이 원의 신비

이 원 안에 들어선 나는
앞으로 나아갈 수도 없고
뒤로 돌아설 수도 없는
결국 모든 길이, 너에게로 가는 길

　　사랑이라는 기열적 감정이, 손가락 사이 사이로
들어왔을 때, 비로소 나는 펜을 들고 시를 쓰게 되었
다. 그러나 아름다운 시와는 다르게 당시 나의 마음은,
구정물에 빠진 감정들, 죽고 싶은 감정들이었다. 그건

흔한 말 '널 사랑한다'와 흔들리는 말 '널 사랑해도 되냐'의 사이에서, 우주같이 멀어지고, 태양같이 정교한 감각이었다. 혹시라도 잠시 닿는 눈길에 봄은 피어나고, 잠시 떨어지는 눈길에 경험해보지 못한 투명한 절망이 하염없이 피어올랐다. 둘 다 피어오르는 감정인데, 그저 죽고 싶은 마음뿐이었다. 왜냐하면 내가 사랑한다고, 사랑하는 사람의 손을 잡을 수 없기 때문이다. 그러나 그때, 동시에 새로운 시간과 공간이 탄생하더라. 번역한즉, 원의 신비. 어디를 가도, 무엇을 해도, 어떤 시간에도, 사랑하는 사람만 생각이 난다. 내가 가는 모든 길은 결국 사랑하는 너에게로 가는 길이다. 그래서 그때는 길을 찾지 않았다. 왜냐하면, 결국 주어진 모든 길이 너에게로만 가는 길이기 때문이다.

　　그대는 프롤로그에서 갑자기 왜 '사랑 타령'이냐고 반문할 수 있다. 그러나 그리스도인들의 검질긴 주제인 '교만'을 가장 잘 표현하는 것이, 이 '원의 신비'다. 그래서 '교만'을 다루는 이 책의 문법도 '원의 신비'다. 만약 그대가 교만이라는 타락에 대해서 가볍게 생각한다면, 마지막엔 소중한 것들을 다 잃어버리는 아픔을 경험할 것이다. 왜냐하면 교만이라는 원 안에 들어선 그대에게는 앞으로도 갈 수 없고, 뒤로도 돌아설 수 없는, 모든 길이 멸망으로 향하는 길이기 때문이다. 이 멸망은 결국 그대의 존재까지 멸종시킨다.

그렇다면, 교만을 어떻게 극복할 수 있는가? 신앙과 믿음이 있으면, 교만을 극복할 수 있을까? 여기서 도리어 반문해야 한다. 신앙과 믿음이 있기 때문에, 교만의 기점(起點)이 시작된다면 어떨까? 확고한 신앙과 믿음이 있기 때문에, 교만이 정점(頂點)에서 아우성을 친다면 어떨까? 한결같은 신앙과 믿음의 열심 때문에, 오히려 교만의 종점(終點)까지 도착한다면 어떨까? 결국 내가 사탄 같은 얼굴을 하고 있다면 어떨까? 나는 인정할 수 있을까?

성경은 이 문제를 어떻게 다룰까? 성경은 경험되어진 하나님과 경험할 수 있는 하나님 사이에 있는, 계시와 묵시의 도래다. 그렇기에 하나님은 스스로 존재하시지만, 인간이 자신의 언어로 규정하려 할 때, 인간의 술어로 설명될 수 없는 존재임을 일깨워주신다. 번역한즉, 한결같은 하나님은, 한결같지 않으신 하나님이다.

그러나 성경을 보면, 그 하나님이 인간의 서사에

서 한결같이 문제를 삼으시는 것이 두 가지가 있다. 첫째가 교만(גַּאֲוָה)이고, 둘째가 음란(זְנוּת)이다. 이 영역에서만큼은, 하나님이 굉장히 민감하시다. 왜 그럴까? 그 이유는 단순하다. 결국 이 죄와 악은, 그대에게 있어서 가장 소중한 것들을 잃어버리게 하기 때문이다. 그렇기에 하나님의 사람들이라고 분류되는, 아브라함, 이삭, 야곱, 요셉, 모세, 삼손, 사울, 다윗, 솔로몬, 그리고 이스라엘의 수많은 열왕들이, 내면에서는 이 싸움을 하고 있었다. 그러나 원의 신비처럼 결국 이긴 사람도 졌고, 진 사람도 이겼다.

생각하기에 따라서는 이 문제에 쉽게 접근할 수 있겠다. 교만과 음란을, 에이즈(AIDS) 같은 질병으로 여기면, 인간은 스스로를 보호하지 않을까? 아니면 교만과 음란을 마약 같은 중독으로 분류해서, 인간에게 확실하게 경각심을 주면 되는 것 아닐까? 문자로는 쉽다. 마치, '예수천당 불신지옥'이라고 우렁우렁하게 외치면, 모두가 회심할 것 같은 판타지처럼 말이다.

그러나 이건 쉬운 문제가 아니다. 왜냐하면, 하나님이 미워하시는 교만과 음란도, 그리스도인에게는 '원의 신비'이기 때문이다. 결국 그대의 모든 시간에,

그대의 모든 길목에, 하얀 미소를 지으며 나타날 것이다. 또 어느 뜨거운 날엔 역겨운 모순에 직면할 것이다. 교만하고 음란한 그 자체가, 그대가 가지는 신앙과 믿음의 목적성이 될 수도 있겠다. 물론 그대는 자기 부인을 할 것이다. 이게 과연 가능할 일인가? 그러나 그날 베드로도 그렇게 예수를 부인했었다.

그렇기에 교만이라는 것은, 무엇인가를 이룬 사람들만의 전유물(專有物)이 아니다. 오히려 무엇인가를 이루려는 사람들의 유전물(遺傳物)일 수도 있다. 더 나아가 무엇인가를 가지지 못한 사람들이 탐닉하는 유흥물(遊興物)일 수도 있다. 결국 교만은 모든 그리스도인의 심령을 충혈시키는 중독이다. 그대가 교만을 죽이지 않으면, 교만이 그대를 죽일 것이다.

그렇다면 그대는 어떻게 교만을 극복할 수 있겠는가? 또 어떻게 싸울 것인가? 한 가지 확실한 지점은, 모든 하나님의 사람들은 자신의 교만에 대해서 괴로워했다. 그리고 선지자들이 와서 그것을 지적할 때, 자신이 가루가 될망정 인정했다. 참된 신앙은 여기서부터 시작했다. 무너진 것과, 부러진 것과, 가루가 된 것과,

없어진 것들에 대해서 말이다. 이 책은 그런 이야기들이 있다. 이 책에는 그대가 가진 모든 궁금한 점들이 들어 있다. 물론 어떤 이들에게는 수수께끼 같은 책이지만, 또 어떤 이들에게는 수수(戍守)[1]깨기 같은 책이 되었으면 좋겠다. 끝으로 그대에게 아름답고 쓸모없는 위로를 전한다.

그대의 신앙은 선지자들같이 비범해질 수 있고,
모든 선지자들은 그대처럼 괴로워했습니다.

—

가장 먼저 이 책을 내 인생의 원의 신비 안에 있는 사랑하는 사람에게 드립니다. 그것이 내 존재의 이유이고, 내 이유의 존재입니다. 어머니와 아버지, 그리고 형님에게 고마움을 전합니다. 사역자로서 걸음마를 알려주신 송천웅 목사님, 설교자로서 옹알이를 알려주신 임채영 목사님, 살아 있는 신학의 문법을 지도해주신 박영식 교수님께 감사를 전합니다. 무엇보다 한결같이

---

1 정해진 것들. 경계 지키는 병사

뜨겁게 응원해주시는 규장 출판사의 여진구 대표님과 편집팀에 감사를 전합니다.

내 모든 삶에 존재하는 '우리가본교회' 식구들에게 감사를 전합니다. 담임목사로서 여전히 부끄럽지만, 저에게 서시(序詩)를 알려준 이들입니다. 끝으로 해라와 미소에게 고마움을 전합니다.

2025년 3월 28일 우리가본교회 모퉁이에서

무명 김일환

추천사 · 9

프롤로그 · 20

기점(起點) · 33

정점(頂點) · 75

종점(終點) · 179

○

그 때에 예수께서 성령에게 이끌리어

마귀에게 시험을 받으러 광야로 가사

사십 일을 밤낮으로 금식하신 후에 주리신지라

시험하는 자가 예수께 나아와서 이르되

네가 만일 하나님의 아들이어든

명하여 이 돌들로 떡덩이가 되게 하라

마태복음 4장 1-3절

신이 없는 곳에서는 모든 것이 허용된다

도스토옙스키

기점

교만이 시작되는 지점

말의 문법

저는 그대가 누구인지 모릅니다. 그대가 어떻게 생겼는지도 모릅니다. 당연하지만, 그대의 나이, 성별, 직장, 취미도 모릅니다. 더 나아가 그대가 어느 교회에 다니는지 모르겠습니다. 그리고 그대가 교회를 얼마나 다녔는지 모르겠습니다. 그대에 대해서 모르는 것투성이입니다. 물론 그런 것들이 지금 이 책을 읽는 독자와 저자 사이에 특별하게 중요한 것은 아닙니다.

그러나 지금 이 책을 읽는 독자와 저자 사이에 특별하게 중요한 것이 있습니다. 그것은 그대가 '그리스도인'이라는 점입니다. 아니, 그대와 내가 '그리스도인'이라는 점입니다. 누군가에게 이 지점은, 언제나 항상 있는 풍경같이 보일 수 있습니다. 그러나 적어도, 저와 그대의 관계에서 이 지점은, 가장 특별한 어떤 날의 한 장의 사진 같은 풍경입니다. 그리고 이런 한 장의 사진은, 수십억 명의 사람과 사람 사이에서 그대와 내가 '가족'이라는 것을 증명해주는 유일한 증거물일 수도 있는 것입니다. 그것이 '그리스도인'으로서 저와 그대의 상징입니다.

물론 그리스도인으로서 우리는 우주 같은 차이점이 있지만, 동시에 지구 같은 공통점이 있습니다. 그대와 나는 출신이 다르고, 섬기는 교회가 다르고, 신앙의 추구점도 다릅니다. 또 비교할 수 없을 만큼, 다양하게 다른 것들이 있습니다. 그러나 그 다르고 다른 것들이 모두 모여서, 우리는 한 하나님을 섬깁니다. 우리는 한 하나님을 예배합니다. 또 기도도 하고, 설교도 듣고, 성경도 읽습니다. 무엇보다도, 구원에 대한 갈망이 있죠. 그대가 볼 때는 이 지점이 별것 아닌 것처럼 보여도, 이것은 정말 신기한 것입니다. 아니 감히 역사가 눈을 멀게 할 만큼 신비한 빛을 가지고 있는 것입니다. 깊게 생각해봅시다. 이 지점 하나가, 지구 반대편에 있는 어떤 사람과 우리를 연결시키며, 결국 구원의 공간에서 함께 만나게 됩니다. 그러니, 이 공통점은 진실로 진실로 위대한 것입니다.

그런 그리스도인의 공통점 중에 가장 특별한 공통점은 '말의 문법'입니다. 모든 그리스도인들은 공통적으로, 식사를 하기 전에 식사 기도를 합니다. 또 기도 끝에는 "예수님의 이름으로 기도드립니다"라고 고백합니다. 절박한 상황을 만났을 때는 "하나님, 도와주세요"를 외칩니다. 큰 감격이 있는 시간을 보낼 때, "하나님, 감사합니다"를 고백합니다. 성도의 교제 속에서, 타인을 돕기 위해서, 그대는 "당신을 위해서 기도하겠습니다"라고 말하고, 타인을 축복할 때는 "하나님이 당신을 사랑하십니다"라고 이야기합니다. 어디 이것뿐일까요? 사실, 비교할 수 없을 만큼 그리스도인들은 서로 아주 비슷한 공통의 '말의 문법'을 사용합니다. 그대가 가진 말의 문법은 이 세상 사람들이 이해할 수 없는 것들입니다. 그렇기에 어쩌면 이것은 '신비'인지 모르겠습니다. 그래서 바울은 로마서 마지막에 이렇게 표현합니다.

이제는 나타내신 바 되었으며
영원하신 하나님의 명을 따라 선지자들의 글로 말미암아
모든 민족이 믿어 순종하게 하시려고 알게 하신 바

그 신비의 계시를 따라 된 것이니

이 복음으로 너희를 능히 견고하게 하실

지혜로우신 하나님께 예수 그리스도로 말미암아

영광이 세세무궁하도록 있을지어다 아멘

로마서 16장 26-27절

　　신약성경에 바울의 서신서들은 여러 가지가 있습
니다. 그중에 로마서는 그가 말하고자 하는 '복음의 정
수'가 적혀 있는 성경입니다. 바울은 로마서에서 복음
이란 무엇인지, 인간이란 무엇인지, 은혜란 무엇인지,
구원이란 무엇인지 충분하게 논합니다. 마치 현대 조
직신학을 공부한 사람처럼, 바울은 복음에 대해서 항
목별로 구체적인 논증들을 해나갑니다. 그런데 그가,
로마서 16장에 복음을 이렇게 정의합니다. '신비의 계
시'입니다. 바울은 복음을 왜 이렇게 표현한 걸까요?
수사학의 대가인 바울도, 복음이 우리에게 오는 과정
을 정확하게 표현해낼 도리가 없었던 것은 아닐까요?
그래서 오늘 그대가 그리스도인으로 살아가는 것은,
정말 신비입니다. 더 나아가 그대가 그리스도인으로서
표현하는 말의 문법도 모두 신비입니다.

마음의 문법

그리스도인의 '마음의 문법'도 신비입니다. 그대는 도무지 이 세상 사람들이 이해할 수 없는 마음의 법칙을 따라서 사는 사람입니다. 대부분의 이 세상 사람들은, 기쁨도, 슬픔도, 괴로움도, 그것을 표현해내는 방식은 욕망의 잠재의식들을 풀어내는 것입니다. 그래서 언제나 '술'(물론 성급한 일반화의 오류일 수 있습니다)입니다. 술을 마시는 이유에, 욕망의 잠재의식들이 있습니다. 오늘은 행복해서 술을 마십니다. 오늘은 슬퍼서 술을 마십니다. 또 오늘은 괴로워서 술을 마십니다. 또 오늘은 외로워서 마십니다. 그런데 결국 술을 마시는 이유는, 술을 마시고 취함으로, 마음의 욕망과 스트레스들이 분출되기 때문입니다.

그러나 그리스도인으로서 그대의 '마음의 문법'은 확연하게 다릅니다. 그대는 괴로울 때, 기도하고 싶습니다. 그대는 힘겨울 때, 예배로 나아갑니다. 아주 반대로, 기쁘거나 감사할 때도 동일합니다. 그대는 마음의 고향을 하나님께 둡니다. 그래서 하나님과 소통하기 위해 부단하게 애를 씁니다. 그대는 욕망의 잠재의식을 풀어내는 것을, 마음의 문법으로 생각하지 않습니다. 오히려 이 마음에, 죄악 된 욕망, 더러운 상상, 탐욕스러운 망상들이 있다면, 그것을 괴로워합니다. 그리고 진지하게 회개를 합니다. 회개할 때는, 울고불고 소리를 지릅니다. 눈에서 떨어지는 물과 코에서 흘러내리는 물을, 입으로 받아 마셔도 개의치 않습니다. 하나님이 기뻐하시는 마음의 상태를 얻을 수 있다면, 어린아이같이 행복해합니다.

그리스도인으로서 그대의 마음은 단순합니다. 단지 그대는, 그대의 그 모든 아픔과 기쁨과 슬픔과 행복과 괴로움과 외로움을, 하나님이 만져주시기를 바랄 뿐입니다. 그리스도인인 그대의 마음은, 감히, 하나님을 갈망합니다. 더 나아가 하나님의 마음을 알기를 소원합니다. 그대의 이 순수함의 문법을, 이 세상 사람들은 결코 알 수 없습니다. 실오라기 하나도 공감할 수 없습니다.

그럼 이 지점에서 깊이 생각해봅시다. 그대가 그리스도인으로서, 왜 이런 마음을 가지게 되었을까요? 언제 이런 마음을 가지게 되었을까요? 더 나아가 무엇이 우리를 그토록 이런 마음을 소유하도록 요구했을까요? 사실 정확한 언어들로 설명하기 힘듭니다. 그렇기에, 그리스도인의 마음의 문법도 '신비'입니다.

삶의 문법

그렇기에 최종적으로 그대는 '삶의 문법'이 다른 사람입니다. 이 세상 사람들의 삶의 문법은 정말 단순합니다. 그것은 '돈'(물론 성급한 일반화의 오류일 수 있습니다)입니다. 모두 돈을 벌기 위해서 부단히 애를 씁니다. 누구보다 노력하고, 누구보다 성실합니다. 혹 이렇게 반문하는 사람들도 있을 것입니다.

'그것은 정말 성급한 일반화의 오류입니다.'
'자신의 꿈과 비전, 자아의 실현을 위해서 일을 하는 사람들도 있습니다.'

인정합니다. 저의 성급한 일반화의 오류라는 것도 인정하고, 이 세상 사람들도 정말 많이 꿈과 비전과 자아실현을 위해서 일을 한다는 것도 알고 있습니다. 그런데, 그렇게 꿈과 비전과 자아실현의 목적도, 결국 돈을 더 벌기 위함입니다. 아니, 자기 기질과 성질에 맞는 방법으로 돈을 벌기 위함입니다. 저는 이만큼 살아오면서(1986년생), 자기를 부인하거나 타인을 위해서 자아실현의 목적과 꿈과 비전을 준비하는 사람을 본 적이 없습니다. 결국 다 자기 자신을 위한 삶이고, 그 삶은 더 많은 돈을 벌기 위함입니다. 더 치밀하게 자기만의 방식으로 돈을 벌기 위함입니다.

그럼 그리스도인의 삶의 문법은 어떨까요? 물론, 그리스도인도 돈을 벌기 위해 일을 합니다. 그러나 그 돈으로 자기만의 성을 쌓는 것을 인생의 목적으로 살아가는 사람은 아닙니다. 또 자기의 건강과 부와 명예와 행복만을 위해서 살아가는 사람이 아닙니다. 헌금 하나만 생각해봐도 그러합니다. 그리스도인은 돈을 벌어서 '헌금'을 합니다. 이것은 예수를 믿지 않는 사람들도 마음 한 켠에 소망으로 품고 있는, 구제금이나 사회봉사 기금이 아닙니다. 또 어려운 사람들을 향한 연민의 감정으로 물질을 드리는 것이 아닙니다. 그리스도인에게 헌금은 '하나님께' 드리는 것입니다. 즉, 인간이 하나님께 물질을 드리는 고귀한 행동입니다. 이것은 이 세상 사람들이 도저히 이해할 수 없는 것입니다. 그렇기에 그리스도인으로서 그대가 교회에 드리는 헌금은 그대의 신앙고백이 들어 있는 물질입니다. 그대는 그 헌금을 통해서, 감히 하나님나라가 확장되기를 기도합니다. 그대의 헌금을 통해서, 복음이 전파되기를 기도합니다. 더 나아가, 언젠가 그대가 꽤 부자가 된다면, 하나님을 위해서, 그대의 거대한 재산을 다 헌금하고 싶다고 희망해보기도 합니다. 이것은 진정 이 세상 사람들이 도저히 이해할 수 없는 '삶의 문법'입니다.

어디 그뿐이겠습니까? 불신자들에게 토요일의 다음 날은 쉴 수 있는 '일요일'입니다. 그러나 그리스도인인 그대에게 토요일의 다음 날은, 예배를 드릴 수 있는 '주일'(주님의 날)입니다. 불신자들에게 8월의 한 주는 여름휴가입니다. 그러나 그대에게 8월의 한 주는 교회 수련회 기간입니다. 불신자들에게 12월 25일은, 연인이나 가족과 함께하는 날입니다. 그러나 그리스도인인 그대에게 12월 25일은, 예수 그리스도가 태어난 날입니다. 그렇기에 24일부터 더욱 고요하고 거룩한 밤입니다. 세세히 비교하면 더 많은 것들이 있을 것입니다. 결국, 그대가 정확하게 알아야 할 것은 삶의 문법에 있어서, 그리스도인으로서 우리와 예수 그리스도를 알지 못하는 그들은, 상당한 차이가 있다는 점입니다.

무너지는 문법

그러나 그중에 가장 큰 차이는 '무너지는 문법'에 관한 이야기입니다. 물론, 이 세상 사람들도 자신의 내면에 대한 긴장감 있는 고민들을 가지고 있습니다. 그것은 보통 내면의 '자아'에 관한 탐구입니다. 자기 자신을 객관화시켜서, 내면의 자아가 무엇을 원하고, 무엇을 원하지 않는지를 탐구하는 것입니다. 또 다양한 상담과 설문지를 통해서, 그것의 실현 가능성도 진지하게 탐색하죠.

그것들이 내면의 자아로 표현될 때는 잠재의식과 무의식에 관한 이론과 탐구들이 됩니다. 그리고 그것이 외면의 자아로 표현될 때는 자기계발의 이론과 탐구들이 됩니다. 그리고 이 내면과 외면의 연구와 탐구를 기초로, 인간은 개인의 꿈과 비전과 소망과 야망들이, 각자의 문법을 가지고 탄생하는 것이죠. 그래서 이 세상 사람들은 외면을 위해서 내면이 존재한다고 생각합니다. 결국 그들에게 중요한 것은 외면입니다. 표면에 드러나는 빛이 중요합니다. 그것을 더 잘 드러내기 위해서, 결국 내면을 다듬을 뿐입니다.

그래서 그들은 내면에 관한 탐구들이 무너지고,

약해지고, 흐릿해진다고 해서, 자신의 인생을 실패했다고 말하지 않습니다. 또 그런 내면의 세계와 일상을 살아가는 외면의 세계가 불일치하더라도 괴로워하지 않습니다. 오히려 내면의 정리정돈보다는 내면의 욕망을 증폭시키기 위해서, 수많은 방법들을 사용합니다. 아주 쉽게 이야기해서, 예수를 안 믿는 사람들의 내면이 음란하다고 해서, 거짓되다고 해서, 교만하다고 해서, 욕망에 사로잡힌다고 해서 그것을 망하거나, 무너지거나, 실패하는 '기준'으로 생각하지 않습니다.

예수가 없는 사람들이 생각하는 내면의 통제 기능은 '양심'(conscience)입니다. 물론 양심의 기능으로 내면과 외면을 통제받는 것도 훌륭한 일이지만, 사실 그것은 불완전한 요소입니다. 그 이유는 첫 번째, 양심은 개인마다 크기와 높이와 무게가 다르기 때문입니다. 두 번째, 양심은 교육의 요소와 환경의 요소로 인해 많은 것들이 좌우됩니다. 무엇보다 양심은 개인적인 영역의 것이기에, 개인의 환경과 교육, 경험에 대해서 어느 정도만 반응하게 됩니다. 세 번째, 그렇기에 결국 양심의 기능도, 내면의 욕망에 대해서 스며들고, 흐릿해지고, 시들해질 수밖에 없습니다. 결국 예수를 믿지 않은 사람들은, 아주 정확한 의미에서 개인의 내면에 대한 강요나 관리나 통제받는 것을 싫어합니다. 내면의 교훈에 대한 어느 정도의 가르침은 환영을 받을 수 있으나 그마저도 개인의 취향과 기호에 따라 결정됩니다. 왜냐하면 나의 내면의 주인은 나이기 때문입니다. 그렇기에 누군가 말해주는 내면의 교훈을 받아들일 수도 있고, 거절할 수도 있습니다.

그러나 그리스도인은 전혀 그렇지 않습니다. 그리스도인은 내면의 이유들로 괴로워하는 사람입니다. 또 아주 반대의 관점에서, 내면의 이유들로 기뻐하는 사람들입니다. 그 이유는 그리스도인의 내면은, 개인의 소유가 아니기 때문입니다. 그리스도인의 권위 있는 신앙의 신조 중 하나는, "우리의 주인은 하나님입니다"라는 고백문들입니다. 이것은 유장한 역사의 생성과 충돌과 다툼과 논쟁 끝에 피어난 아름다운 성도의 유산입니다. 그래서 가장 권위 있는 교리문답집으로 알려진 하이델베르크 요리문답(Heidelberg Catechism)과 웨스트민스터 소요리문답(Westminster Shorter

Catechism)[2]은, 각각의 첫 번째 교리 문항으로 '그리스도인의 인생'에 대해서 질문하고 해석합니다.

하이델베르크 요리문답

〈문 1〉

사나 죽으나 당신의 유일한 위로는 무엇입니까?

〈답 1〉

사나 죽으나 나는 나의 것이 아니요,

몸도 영혼도 나의 신실한 구주 예수 그리스도의 것입니다.

---

2 하이델베르크 요리문답서와 웨스트민스터 소요리문답서는 교회사 속에서 개혁신학에 근거한 대표적인 교리교육서이다. 하이델베르크 요리문답서는 종교개혁의 제3세대의 작품이며, 웨스트민스터 소요리문답서는 청교도운동 가운데 작성된 것이다. 두 문서 모두 교회 개혁 가운데 작성된 문서들로 따라서 작성하였던 목적과 내용이 크게 다르지 않다. 그래서 두 문서 모두 진정한 구원의 은혜와 그 효과에 대해서 강조하고 있다.

웨스트민스터 소요리문답

〈문 1〉

사람의 첫째가는 목적은 무엇입니까?

〈답 1〉

사람의 첫째가는 목적은 하나님을 영화롭게 하고

영원토록 하나님을 즐거워하는 것입니다.

　　해석에 따라서 약간 다를 수 있지만, 두 교리문답
은 첫 번째 질문과 답 모두 그리스도인의 삶의 주인과
목적을 '하나님'으로 둡니다. 그리스도인의 내면은 개
인이 주인이 아닙니다. 개인이 마음대로 선택하고 욕
망하고 버릴 수 있는 것들로 가득한 곳이 아닙니다. 성
경을 깊게 보면, 인간의 내면에는 '하나님의 존재'와
'나의 존재'가 함께 살아갑니다. 그것은 가장 위대한
인간 내면의 공간에 대한 이해입니다.

　　그렇기에 그리스도인의 내면세계는 무엇보다 중
요합니다. 이것의 비밀을 알고 있는 고든 맥도날드
(Gordon MacDonald)는 '내면세계의 질서와 영적 성장'
이라는 제목으로 책을 썼습니다. 그 책은 내면의 정돈

과 정리, 그리고 성장을 추구하는 노력들이 그리스도인에게 얼마나 직접적으로 영향을 미치는지를 담고 있습니다. 그 이유는 그리스도인의 시간, 지혜, 지식, 영적인 힘, 모든 것들이 다 내면세계와 연결되어 있기 때문입니다. 아주 쉽게 이야기해서, 예수를 믿는 사람들은 외면보다는 그 내면이, 음란하거나, 거짓되거나, 악하거나, 교만하거나, 욕망에 사로잡히게 된다면, 그것을 자신이 망하거나 무너지거나 실패하는 '기준'으로 생각하는 것입니다.

그렇기에 어떤 의미에서는 확고하게 말할 수 있습니다. 그리스도인은 내면이 무너지면, 모든 것이 무너지는 사람이라고 말입니다. 또 아주 반대로 이야기하면, 그리스도인은 내면이 세워지면, 쉽게 일어날 수 있는 사람입니다. 더 나아가 그리스도인은 내면의 힘으로 골리앗도 이기고, 홍해도 가르고, 세상도 이기고, 감히 하나님나라도 세울 수 있는 사람입니다. 그 이유는, 그 내면에서부터 전능하신 하나님이 함께하시기 때문입니다. 이 세상 사람들은 내면에 견고한 자기 확신, 자기 다짐, 자기 철학, 자기 능력들을 차곡차곡 쌓아두겠지만, 결국 그건 쉽게 무너지는 것들입니다. 작

심삼일(作心三日)이라는 말은, 괜히 만들어진 것이 아닙니다. 인간적인 결심은, 아무리 위대해 보여도 고작 삼 일 정도인 것입니다.

이제 가장 중요한 한 가지 결론을 맺어봅시다. 결국 그리스도인의 무너진 내면은, 다른 것으로 세울 수 없습니다. 그 이유는 그 내면의 '공간'은 하나님과 그대와의 '공간'이기 때문입니다. 그 공간에 다른 것들이, 하나님의 자리를 대신할 수 없습니다. 하나님의 존재를 대신할 수 없습니다. 물론, 잠시 다른 것들로, 내면의 공간을 채울 수 있습니다. 색칠할 수도 있습니다. 또 물들일 수도 있겠죠. 그러나 그것들이 영원한 주인이 될 수는 없습니다. 심지어 나 자신도 마찬가지입니다. 그것이 그리스도인이 무너지는 문법입니다. 잊지 맙시다. 그리스도인이 무너질 때는, 반드시 그의 내면이 무너지는 문법이 있습니다. 그렇다면, 이쯤에서 적나라한 질문들을 해봅시다. 그리스도인의 내면은 언제 무너지게 되는 걸까요? 어떻게 무너지게 되는 걸까요?

드디어, 저는 이제부터 '교만'에 대해서 이야기를 해보려고 합니다.

에덴

'교만'이란 무엇일까요? 일단 교만과 가장 반대되는 이야기부터 해봅시다. 그게 뭘까요? 그것은 '겸손'에 대한 건조한 담론들이 아닙니다. 오히려 교만에 가장 반대되는 개념은, 충만한 것들과 이상적인 것들에 관한 이야기입니다. 그리스도인에게 그런 것이 무엇일까요? 그것은 바로 에덴(Eden)에 관한 이야기입니다. 성경은 그 시작부터, 인간을 유혹(?)합니다. 시작부터 인간에게 가장 이상적인 것들을 보여주는 것입니다. 바로 '천지창조'와 '에덴동산'에 관한 이야기죠.

하나님은 그분의 전능한 능력으로 7일 동안, 이 세상의 모든 것을 창조합니다. 첫째 날엔 빛(낮)과 어두움(밤)을 창조하셨습니다. 둘째 날은 궁창을 창조하셔서, 궁창 위의 물과 아래의 물을 나누셨습니다. 셋째 날은 육지와 바다의 경계를 나누시고, 풀과 채소와 나무들을 창조하셨습니다. 넷째 날은 해와 달과 별을 창조하셨습니다. 다섯째 날은 새와 물고기를 창조하셨습니다. 여섯째 날은 짐승과 사람을 창조하셨죠. 그리고 일곱째 날에는 '안식'을 창조하셨습니다. 그리고 그 날을 거룩하고 복되게 하셨죠. 창세기 1장은 이 장엄

한 창조의 서곡을 웅장하게 열어줍니다. 그런데 거기
서 끝나는 것이 아니라, '에덴'을 보여주십니다. 그리
고 마치, 이 에덴을 천지창조의 축소판처럼 인간에게
보여주십니다.

여호와 하나님이
땅의 흙으로 사람을 지으시고
생기를 그 코에 불어넣으시니
사람이 생령이 되니라
여호와 하나님이
동방의 에덴에 동산을 창설하시고
그 지으신 사람을 거기 두시니라
여호와 하나님이
그 땅에서 보기에 아름답고
먹기에 좋은 나무가 나게 하시니
동산 가운데에는 생명 나무와
선악을 알게 하는 나무도 있더라

강이 에덴에서 흘러 나와 동산을 적시고
거기서부터 갈라져 네 근원이 되었으니

첫째의 이름은 비손이라

금이 있는 하윌라 온 땅을 둘렀으며

그 땅의 금은 순금이요

그 곳에는 베델리엄과 호마노도 있으며

둘째 강의 이름은 기혼이라

구스 온 땅을 둘렀고

셋째 강의 이름은 힛데겔이라

앗수르 동쪽으로 흘렀으며

넷째 강은 유브라데더라

여호와 하나님이

그 사람을 이끌어 에덴동산에 두어

그것을 경작하며 지키게 하시고

여호와 하나님이

그 사람에게 명하여 이르시되

동산 각종 나무의 열매는 네가 임의로 먹되

선악을 알게 하는 나무의 열매는 먹지 말라

네가 먹는 날에는 반드시 죽으리라 하시니라

창세기 2장 7-17절

거기에는 하나님이 첫날부터 여섯째 날까지 창조한 모든 것들이 균형감 있게 각자의 자리에 있습니다. 그 중심에 '선악과'와 '생명나무' 그리고 '인간'이 함께 있습니다. 그리고 성경의 첫 번째 내러티브(narrative)는, 인간과 선악과 사이에 생기는 갈등과 대립과 투쟁과 대화 속에서 시작되는 것입니다. 이 이야기는 어떻게 결론을 맺을까요?

사실 그대는 이 이야기의 결말을 잘 알고 있습니다. 결국 인간은 선악과를 먹었고, 그 행위로 말미암아 죄의 결과들에 직면하게 됩니다. 남자들은 땀을 흘려서 노동을 하지만, 땅은 가시덤불과 엉겅퀴를 냅니다. 여자는 해산의 고통을 알게 됩니다. 그리고 죽음을 몰랐던 창조의 세계에 죽음의 세계가 선고되었습니다. 즉, 완벽한 유한함의 의미들이 시작되는 것입니다. 무엇보다 이 사건 이후로, 성경에서 선악과와 함께 강조되었던 '생명나무'는 감춰지게 됩니다. 이것이 에덴의 결말입니다.

관점의 주어

그러나 그대여, 에덴동산의 장면과 장면들을 아주 깊게 생각해봅시다. 일단 표면에 보여지는 것들부터 관찰해봅시다. 이상한 질문을 해봅니다. 그대가 생각할 때는 과연 '에덴'의 표면이 이상적인 공간일까요? 이게 과연 천국과 같은 세상(?)일까요? 차라리 선악과가 없이, 인간만 있는 것이 이상적인 모습은 아닐까요? 갈등을 일으키는 선악과만 없었다면, 인간은 영원히 행복하지 않았겠습니까? 그렇죠? 사실 그대도 이런 생각을 자주 합니다. 그대가 처한 환경의 표면에 맺힌 초상화들입니다. 그것들은 대충 이러한 것들입니다.

'저 사건만 없었다면, 내가 진짜 행복했을 텐데'
'저 사람만 없었다면, 내가 진짜 행복했을 텐데'
'저 조건만 없었다면, 내가 진짜 행복했을 텐데'

어떤가요? 그렇지 않나요? 그대가 처한 환경 속에서, 조금이라도 그대를 힘들게 하고, 방해하고, 어렵게 하는 모든 것들은 '악한 것'으로 치부합니다. 심각한 사람은 '사탄'이라고 생각하기도 하죠. 그래서 기도

할 때 '예수 이름으로 물러가라!'를 연신 내뱉는 사람이 그대의 모습은 아닐는지요.

물론, 가능합니다. 그대가 직면한 사건과 사람과 상황에 대해서, 그대가 '관점의 주어'라면, 충분히 그런 논리가 가능합니다. 그러나 진지하게 자문해봅시다. 그게 과연 온전한 시각일까요? 그게 마땅한 해석일까요? 만약 그대가 주어가 아니라, 다른 것들이 '관점의 주어'라면 어떨까요? 그때부터는 그대가 직면한 사건과 사람과 상황에 대해서 다르게 해석이 될 것입니다. 왜냐하면, 그대를 그토록 힘들게 하는 어떤 사람도, 어느 가정에서는 아주 귀한 자녀이고, 어떤 사회에서는 꼭 필요한 사람이며, 누군가에게 아주 큰 의미와 행복을 주는 사람이기 때문입니다.

그대가 다니는 회사(혹은 사회)를 생각해봅시다. 그대의 관점에서, 그대를 힘들게 하는 최악의 직장 상사가 있다고 칩시다. 그리스도인으로서 그대는 그 직장 상사를 '악인'이라고 규정할 수 있습니다. 더 나아가 '사탄'이라고 규명할 수도 있겠습니다. 그러나 다른 관점에서 생각해봅시다. 아마도 그는 어떤 가정에서는 참 좋은 아버지이며, 섬세하고 따듯한 가장(家長)일 수 있습니다. 또 회사에서 아주 능력 있는 직원일 수 있습니다. 결론적으로 그는, 그대를 괴롭히기(?) 위해서 태어난 사람이 아닐 수 있습니다. 관점에 따라서, 그는 그 역할에 꼭 필요한 사람이 되기도 합니다. 그래서 '관점의 주어'는 중요합니다. 관점의 차이는 해석의 차이를 만들어냅니다.

출애굽기의 10가지 재앙도 마찬가지입니다. 출애굽 할 때, 당시 고대 근동에서 애굽은 최정상에 있는 '국가'입니다. 그것에 비해서 히브리(이스라엘)는 '민족'입니다. 아니, 민족이라고 부르기도 아쉬운, 엉성한 노예조직입니다. 그런데 그런 엉터리 오합지졸 같은 노예조직이, 성공적으로 출애굽이 가능한 이유에는 '10가지 재앙'이 있었기 때문입니다. 하나님은 10가지 재앙으로, 최정상에 있는 애굽의 문화와 문명, 신의 이름과 형상, 사회적 조직들을 다 부숴버립니다. 심지어 애굽의 각 가정의 장자를 취하심으로, 가장 작은 조직 단위인 가족마저도 기능을 상실하게 합니다.

이제 잘 생각해봅시다. 이 '10가지 재앙'이 히브리 민족의 관점에서는, 야훼 하나님은 의로운 하나님, 사랑의 하나님, 기적과 전능의 하나님입니다. 그러나 애굽 편에서는 어떨까요? 그 하나님은 전쟁의 신이고, 잔인한 신이고, 장자마저 앗아가시는 극악무도한 신입니다. 즉, 관점에 따라서 해석은 충분히 달라집니다.

이제 진정 중요한 이야기를 해봅니다. 그대가 모든 상황의 '주어'라는 관점을 내려놓아야 합니다. 왜냐하면, 거기에서부터 교만이 시작됩니다. 그 지점에서 시작된 교만은, 무섭게 인간의 판단력, 의지력, 지성, 감성을 점령합니다. 결국 마구잡이로 해석하게 하고, 자기 멋대로 판단하게 하죠. 심지어 그 대상이 '하나님'이어도 마찬가지입니다. 하나님의 뜻과 섭리도 자기 멋대로 해석합니다. 즉, 관점의 주어를 내려놓지 못하면, 하나님 앞에서도 무모한 거짓말들을 하는 것입니다.

만약 그대가 이것을 인정하지 못한다면, 그대는 여전히 아무것도 이해할 수 없습니다. 그대는 '하나님의 섭리'와 '섭리의 하나님'을 이해할 수 없습니다. '하나님의 선하심'과 '선하신 하나님'을 이해할 수 없습니다. 그래서 유장한 기독교 역사를 가지고 있는, "전능하신 하나님은, 실수하지 않는 하나님"이라고 신앙고백을 할 수 없습니다. 더 나아가 그대는 그대의 주변에

있는 것들과 평생을 다투고, 투쟁하며, 손절하고, 상처
받으며 살 것입니다.

잘 생각해봅시다. 언제나 그대는 사랑을 갈구하
지만, 정작 이 세상에서 그대를 가장 사랑해주는, 사랑
만 주는 부모님도 전혀 이해가 안 될 때가 많이 있습니
다. 부모님은 그대에게 사랑만 주는데, 그대는 그 사랑
을 이해하지 못합니다. 그 이유는 모두 그대가 '관점의
주어'이기 때문입니다. 그리고 그것이 우리가 진지하
게 탐구해야 할 교만의 각도와 구도와 온도와 정도입
니다.

균형

아직도 '교만'에 대해서 진지하게 논할 차례는 아
닙니다. 조금 더 신앙의 의식 저변에서 널브러져 있는
조각들부터 살펴봅시다. 그리고 그것들을 원래의 자리
로 복원해봅시다. 거기서부터 출발해야, 결국 '교만'이
무엇인지 알 수 있습니다. 아니, 하나님이 그토록 미워
하시는 죄가 왜 '교만'인지를 알 수 있습니다.

만약 그대가 '관점의 주어'가 내가 아니라는 것을

인정한다면, 비로소 이제부터 많은 것들을 이해할 수 있게 됩니다. 그대가 속한 사회(혹은 회사)의 어지러움들과 어려움들이, 조금씩 이해되기 시작합니다. 그리고 무엇보다 상황과 환경을 주도하시는 하나님의 섬세하시고, 실수하지 않으시는, 선하신 하나님을 받아들일 수 있게 됩니다. 더 나아가 과정을 주시는 하나님은, 실수하지 않으시는 하나님이라는, 놀라운 세계관도 깨닫게 됩니다. 이것은 진정 다른 세계가 열리는 지점입니다.

사실 에덴동산도 마찬가지입니다. 인간이 선악과로 말미암아 범죄를 저질렀다고 해서, 선악과 자체가 잘못된 것이 아닙니다. 더 나아가 그 선악과를 주신 하나님이 잘못된 것도 아닙니다. 다시 한번 강조하지만, 법을 주신 하나님이 악한 것이 아니라, 법을 어긴 인간이 악한 것입니다.

그렇다면, 하나님은 왜 선악과를 창조의 정점에 두신 걸까요? 왜 선악과를 인간의 곁에 두신 걸까요? 결론적으로 말하면, 그것은 '균형' 때문에 그렇습니다. 천지를 창조하신 하나님은, 가장 완벽한 균형감으로 하나님과 인간 사이에 선악과를 두신 것입니다. 물론, 그대가 이 세상을 살아가면서 이해하고 있는 균형과 성경에서 말하는 균형은 분명 다를 것입니다. 그대가 이해하고 있는 균형은 '평균율'(average rate)에 관한 것입니다. 그것은 이 세상에서 통용되는 공평과 평등, 그리고 경쟁과 갈등에 관한 거대한 시스템입니다. 그러나 성경에서 말하는 '균형'은 그런 것이 아닙니다. 그것은 인간과 하나님의 '거리감'(distance)입니다. 그것은 인간과 하나님과의 관계에서 아주 중요한 주제입니다. 그래서 가장 아름다운 저 땅인 에덴동산에서의 시작부터, 하나님은 인간과 그 거리감을 분명하게 하십니다.

하나님과 인간의 거리감

하나님은 태초에 모든 것들을 창조하시되, 그 창조물들 사이에 한계와 경계와 거리를 함께 창조하셨습니다. 성경은 그것을 매우 분명하게 말해줍니다. 그렇기에 하늘과 땅은 구분이 됩니다. 바다와 육지는 분리가 됩니다. 더 나아가 바다에 사는 생물들과 육지에 사는 생물들도 완전히 다른 경계 속에 있습니다. 그리고 중요한 것은, 하나님과 인간의 관계도 마찬가지입니다. 분명한 거리감을 두셨습니다.

여호와 하나님이

그 사람을 이끌어 에덴동산에 두어

그것을 경작하며 지키게 하시고

여호와 하나님이

그 사람에게 명하여 이르시되

동산 각종 나무의 열매는 네가 임의로 먹되

선악을 알게 하는 나무의 열매는 먹지 말라

네가 먹는 날에는 반드시 죽으리라 하시니라

창세기 2장 15-17절

이 본문도 천천히 살펴봅시다. 이 본문 속에서 아직 하와는 없습니다. 하와는 2장 후반절에 가서야, 하나님이 창조하십니다. 지금은 아담뿐입니다. 하나님은 아담에게 최초의 명령을 하십니다. 에덴동산에 있는 모든 것들을 '경작하고 지키게 하는 것'입니다. 이것은 히브리어로 '아바드'(עבד)와 '샤마르'(שמר)입니다. 물론 이 뜻이 문자 그대로 경작하고 지킨다는 뜻도 충분하지만,

히브리어 '아바드'(עבד)와 '샤마르'(שמר)는 더 포괄적인 의미입니다. 그것은 무엇인가를 가꾸고, 키우고, 이름을 짓고, 열매를 따는 총체적인 행위입니다. 즉, 그 행위는 그곳의 주인이라는 뜻이죠.

아담은 최초의 인간으로서, 그 땅에 있는 모든 것들을 키우고 가꾸고 지킵니다. 그리고 나무와 실과와 동물들의 이름을 작명합니다. 그러면서 주위를 둘러보면, 아무도 없습니다. 그럴 때 아담은 무슨 감정이 들었을까요? 아마 자기가 이 땅의 '주인'이라는 생각이 들지 않을까요? 더 나아가 내가 이 땅의 '창조자다'라는 착각을 하지 않았을까요? 그래서 아담의 심중에, '이 모든 것들을 내 마음대로 해야겠다'라고 아주 당연하게 생각할 수도 있습니다. 심지어 횡포를 권리처럼 생각할 수도 있겠습니다. 그런데 그런 마음과 생각이 떠오를 때쯤에, 그의 눈앞에 '선악과'가 있습니다. 동산 중앙에 있습니다. 그 나무는 어디에서 보아도 쉽게 알 수 있습니다. 그리고 그 나무를 보면, 그날 아담에게 말씀하신 하나님의 음성이 생생하게 들립니다.

여호와 하나님이

그 사람에게 명하여 이르시되

동산 각종 나무의 열매는 네가 임의로 먹되

선악을 알게 하는 나무의 열매는 먹지 말라

네가 먹는 날에는 반드시 죽으리라 하시니라

창세기 2장 16-17절

　　즉, 하나님이 선악과를 두신 이유는 인간과 하나님의 거리감을 깨닫게 하기 위함입니다. 더 나아가 아담이, 자신이 누구인지를 스스로 자각하게 하기 위함입니다. 그리고 하나님이 누군지도 다시 깨닫게 하는 것입니다. 결국 그가 자신이 모든 것의 주인이라고 생각할 때쯤에, 선악과를 통해서 하나님의 경고를 생각하게 하는 것이죠.

　　하나님은 '균형'을 잃지 않는 감각을 주시기 위해서, 인간에게 선악과를 두셨습니다. 무엇을 하든, 어디에 있든 볼 수 있도록, 동산 중앙에 주셨습니다. 그 균형감은, 하나님과 인간의 확실한 격차입니다. 그리고 그 격차를 인식하는 태도가 결국 에덴을 유지하는 기능입니다.

　　이제 가장 중요한 이야기를 해보려고 합니다. 에

덴에서는, 하나님이 주신 균형이, 가장 정확한 '관점의 주어'입니다. 쉽게 이야기를 해봅니다. 그대가 그리스도인인 이상, '관점의 주어'는 그대도 아니고, 타인도 아니고, 세상도 아니고, 부모도 아니며, 하나님이 우리에게 주신 '균형'입니다. 그 균형이 있을 때, 어떤 환경과 시간과 조건에서도, 하나님이 주신 에덴은 복원이 됩니다.

하나님과 같이

그러나 그대는 이 이야기의 결론을 알고 있습니다. 그토록 아름다운 에덴동산은 파괴됩니다. 아주 단순한 이유 때문에 그렇습니다. 바로 아담과 하와가 선악과를 먹은 것입니다. 번역한즉, 하나님이 주신 거리감을 파괴한 것입니다. 그들이 선악과를 먹은 이유에 대해서 성경은 이렇게 말합니다.

뱀이 여자에게 이르되
너희가 결코 죽지 아니하리라
너희가 그것을 먹는 날에는 너희 눈이 밝아져

하나님과 같이 되어

선악을 알 줄 하나님이 아심이니라

창세기 3장 4-5절

태초에 인간은 자신들이 '하나님같이' 될 수 있다고 생각했습니다. 어디서부터 이런 생각을 했고, 언제부터 이런 생각을 했는지는 모르겠습니다. 물론, 그대는 "이건 뱀이 유혹해서 불쌍한 아담과 하와가 꼬임에 빠진 것이잖아요?!'라고 할 수도 있습니다. 가능성은 무한하기에 그럴 수도 있겠습니다. 그러나 중요한 것은, 아담과 하와가 평소에 이것을 생각조차 하지 않았다면, 유혹조차 되지 않았을 것입니다. 슬프지만, 어쩌면 그들은 평소에도, '이 가능성(?)'에 대해서 자주 생각했는지 모르겠습니다. 그렇기에 지금 우리가 보기에 특별히 달콤하지도 않은 저런 문장이, 아담과 하와에게는 영혼을 팔 만큼 매혹적이게 들린 것입니다. 더 나아가 자신을 객관화할 수 없을 만큼 유혹적이게 들린 것입니다.

그래서 그대는 어떻게 생각합니까? 선악과를 먹으면, '하나님과 같이' 된다는 말의 의미에 대해서요. 우리가 생각할 때, '하나님과 같이 된다'는 의미는 사회학적 의미를 생각하기 쉽습니다. 언젠가 내가 돈을 많이 벌어서, '사장님같이 되겠다', 혹은 '건물주가 되겠다', 혹은 '부자가 되겠다' 등등을 생각할 수 있습니다. 그러나 히브리 사상은 조금 다릅니다. 히브리어로 '하나님과 같이 된다'를 보면, 'כֵּאלֹהִים'이 됩니다. 이건 '하나님이'라는 'אֱלֹהִים' 단어와 전치사 'כ'가 붙어서 만들어진 단어입니다. 그럴 때 이 단어는 존재론적 의미가 됩니다. 쉽게 이야기하면, '하나님과 같이 된다'는 존재론적으로 "내가 하나님으로 변하겠다"라는 의미입니다. 그들은 놀랍게도 그것을 생각했습니다. 왜 그럴까요? 그 이유는 아주아주 단순합니다. 그들이 그들의 세상에서 그들의 인생의 주인이 되어서, 그들의 마음대로 행하고 싶었던 것입니다. 어떤 판단력도, 도덕도, 정의의 문제도, 관계의 문제도 마찬가지입니다. 자신이 기준 자체가 되고 싶어 하는 마음입니다. 더 나아가 초법적이고, 초도덕적이며, 초월적인 존재가 되고 싶어 하는 것입니다. 저자인 저의 언어로 지금 이것을 표현하면, 모든 '관점의 주어'가 자신이 되고 싶은 것입니다. 그리고 그것이 교만의 시작입니다.

기점

이제 교만을 조금 더 깊게 이야기해봅시다. 결국, 그대도 마찬가지입니다. 과연 그대는 성경이라는 기준으로 모든 것을 보고 있는지를 판단해야 합니다. 과연 그대는 신앙이라는 기준으로 나를 해석할 수 있는지 보아야 합니다. 어쩌면 그대도 하나님과 같이 되어, 모든 것들을 판단하고 있는지 모릅니다. 어떤 판단력도, 도덕도, 정의의 문제도, 관계의 문제도 마찬가지입니다. 그러나 내가 모든 것들의 관점의 주어가 되어 판단하는 것은 아닌지 점검해봅시다. 누군가는 이것을 권력이라고 말할 수도 있겠습니다. 혹은 정치라고도 말할 수 있겠습니다. 더러는 이것을 지극히 개인적인 일이라고도 말할 수 있습니다. 그러나 성경은 이것을 '죄'라고 말합니다. 그 죄를 번역한즉, '하나님처럼' 되고 싶은 마음입니다. 그리고 그것이 교만의 기점(起點)입니다.

어떤 의미에서는 '하나님처럼' 되고 싶은 마음은, 그리스도인들이 지향해야 하는 당연한 신앙의 방향 같아 보입니다. 그 이유는 우리가 배운 신앙의 방향은, 하나님의 마음을 추구하기 때문입니다. 우리의 언어와 행동과 진심들이, 하나님의 마음에 합하기를 추구합니다. 물론 이것은 숭고한 신앙의 방향이 맞습니다. 그러나 신앙의 표현이 비슷하다고, 신앙이 추구하는 문법도 동일한 것은 아닙니다. 우리가 살아가고 있는 세상에는 그런 것들이 참으로 많습니다. 아담과 하와가 욕망했던 '하나님처럼' 되고 싶은 차원과 '하나님을 닮고' 싶은 차원은 완전히 다른 것입니다.

아담과 하와는 결국, 선악과를 먹으면서 자신이 기준과 법과 도덕이 되고 싶었던 것입니다. 쉽게 번역한즉, 그들은 하나님이 되고 싶었습니다. 그래서 감히 그들은 하나님 앞에서, 하나님 없는 세상을 꿈꾼 것입니다. 결국 그들은 그 세상의 주인이 되고 싶어 했던 것입니다. 그 세상에서 자신이 모든 관점을 주관하는 하나님처럼 되어, 자신의 욕망대로, 욕구대로, 욕심대로 살고 싶은 것입니다. 그리고 그곳은 더 이상 하나님이 창조하신 '에덴'(Eden)이 아닙니다. 그곳은 '아단'(Adhan)입니다.

아단

앞서 충분히 설명했습니다. 하나님이 창조한 에

덴(Eden)이란, 마치 천지창조의 축소판같이 보입니다. 그곳은 인간의 가난과 질병이 만연한 세상이 아닙니다. 더 나아가 불합리한 사회적 결핍이 지배적인 곳도 아니었습니다. 부족함이라고는 아무것도 없는 곳입니다. 모순과 결핍이 있는 곳이 아닙니다. 완전한 의미에서 충만과 풍요함, 기름짐과 부요함이 있는 곳입니다. 더 나아가 안정감과 행복도 있습니다. 그래서 히브리어로 에덴(Eden)의 뜻은 "기쁨"입니다. 혹은 "완전한 기쁨"입니다. 그러나 에덴(Eden)이 재귀형 동사가 될 때, 아단(Adhan)이 됩니다. 그럴 때는 공교롭게도, "주색에 빠지다"라는 뜻이 됩니다. 표면에 맺힌 어떤 것들을 보면, 두 가지 모두 다 '기쁨'으로 보일 수 있습니다. 그러나 에덴(Eden)의 기쁨과 아단(Adhan)의 기쁨은 질적으로 완전히 다른 것입니다.

이재철 목사님은 이 부분을 참 탁월하게 정리합니다.

"아담과 하와가 범죄한 곳은 악이 창궐하는 세상이 아니었다. 가난과 질병의 질곡도 아니었다. 그들이 죄를 범한 곳은 바로 에덴동산이었다. 부족함이라곤 아무것도 없는, 모든 것이 차고 넘치는 지상의 낙원 속에서 선악과를 먹지 말라는 하나님의 말씀을 멸시하고 말았다. 다윗의 상황 또한 동일했다. 하나님께서 다윗에게 허락하신 왕국이 그에게는 에덴이었다. 그의 명령 한마디에 되지 않는 일이 없었고, 백전백승을 구가하는 그의 군대는 천하무적이었다. 그러나 다윗은 그 에덴에서 '아단'(에덴의 재귀동사, '주색에 빠지다'란 뜻)에 빠지고 말았다. 하나님보다 하나님께서 주신 것들을, 하나님보다 왕궁의 왕좌에 앉아 있는 자기 자신을 더 크고 귀하게 여긴 것이다. 베들레헴의 들판에서 어린 나이에 양을 지킬 때, 사울의 칼날을 피해 정처 없이 다닐 때, 그때 다윗의 영혼은 밤하늘의 별처럼 빛나고 있었다. 아담과 하와도, 다윗도 그들 인생의 최정점에서, 모두가 부러워할 에덴에서, 어처구니없게도 '아단'으로 전락하고 말았다. 인생의 최절정기에 허망한 욕망을 위해 자기 생명을 깎아 먹는 어리석음을 범한 것이다."

이재철,《인간의 일생》(홍성사)

  아담과 하와가 '하나님처럼' 되고 싶었던 죄악은, 아단(Adhan)의 세상을 건설하는 것이었습니다. 그들은 세상의 주인이 되고 싶은 것입니다. 그리고 하나님은 그 죄악을 이렇게 말합니다. '교만'이라고요. 인간의 최초의 죄는, 그렇게 탄생합니다. 인간이 스스로 하나님처럼 되고 싶어 하는 마음에서.

오늘 그대의 일상을 천천히 들여다봅시다. 아침에 커피를 마시면서, 분주한 일상에서, 회사에 출근하거나 대학교 수업을 들으면서, 수많은 관계와 업무와 과제들 앞에서. 그렇게 수많은 시간과 관계와 과제의 탄생들 앞에서. 모든 것이 그대의 뜻대로 되지 않나요? 모든 것이 그대의 마음 같지 않나요? 더 나아가 모든 것이 억울하고 화가 나고 서운한가요?

그때쯤 기억합시다. 그대가 교만을 선택하지 않는다면, 거기가 에덴(Eden)의 입구일 수 있고, 완전히 반대로 아단(Adhan)의 입구일 수 있습니다. 그러니 잊지 맙시다. 그대가 교만을 선택하지 않는 이상, 그대에게 주어진 어떤 것들도, 잘못된 것은 없습니다. 왜냐하면 과정을 주시는 하나님은 실수하는 하나님이 아니시니까요.

선생의 생각과, 나의 생각 중 어느 쪽이 더 오래갈 생각인지는,
나중 사람들이 판단하겠지요.

정세랑

정점

교만이 최고점에 도달한 상태

교만

이제는 정말 진지해져봅시다. 그대에게 묻고 싶습니다. 교만(驕慢)이란 무엇일까요? 교만의 일반적인 정의는 우리말 사전에서는 "잘난 체하여 뽐내고 버릇이 없음, 거만" 또는 "남을 깔보며, 뽐내며, 방자함"입니다. 네이버(naver) 사전이 가라사대, 교만을 쉽게 풀어쓰면 "잘난 체하기 위해서 거만함을 가지고, 어떤 일에 주제넘게 가진 건방진 자세나 마음"이라고 설명해줍니다. 한자로 교만을 검색하면, 더 다양한 범주를 제시합니다. 그것은 거만(倨慢), 오만(傲慢), 자만(自慢)입니다. 한자는 교만을 이 범주에서 더 여러 방면으로 해석의 살을 붙입니다. 영어에서도 마찬가지입니다. 다양한 범주에서 교만을 표현합니다. 대표적인 단어로는, 'haughtiness'(건방짐), 'arrogance'(오만),

'boasting'(과시, 자랑) 등등입니다. 어떤가요? 언어적인 정보만을 보면, '교만'이라는 것에 대해서 다양하게 생각할 수 있습니다. 그런데, 그래서 더 명확해집니까? 더 선명해지나요? 꼭 그렇지는 않을 것입니다.

그렇다면 이번에는 조금 정확해져봅시다. 그래서 결국, 교만이란 무엇일까요? 방금 살펴본 사전적인 의미들의 나열은, 우리가 탐구하는 의미의 '교만'에 대해서 더욱 헷갈리게 합니다. 어떤 단어가 교만에 대해서 더 정교하고 정확한 정보의 의미를 제공하는지 모르겠습니다. 겉으로 보기에 모두 다 두루뭉술하여 비슷하게 보이기 때문입니다. 우리나라 성도들은 성경의 어떤 뜻을 해석하거나 유추할 때, 이렇게 영어나 한문을 가지고 유추할 때가 많습니다. 그러나 성경의 뜻과는 조금 다를 때가 있습니다. 아니, 성경이 표현하는 것과 완전히 다른 것들이 있습니다. 또 성경이 제시하는 기준과 완전히 다를 때가 있습니다. 지금 그대와 내가 다루고 있는 '교만'이라는 단어도 동일합니다.

성경에 '교만'이라고 번역되는 히브리어 '가아바'(גַּאֲוָה)와 헬라어 '휘페레파니아'(ὑπερηφανία)는 둘 다 기원된 의미가 같습니다. 이것은 세 가지 의미를 동시에 내포

합니다. 가장 먼저는 자부심(pride)이며, 둘째는 탁월함(genius)이나 위엄(majesty), 셋째는 거만함(arrogance)입니다.

그러나 그대는 벌써부터 이상할 것입니다. 그 이유는 자부심(pride), 탁월함(genius)이나 위엄(majesty)은 좋은 단어(?)인데, 이것이 우리가 으레 생각하는 '교만'과는 그 의미가 상당히 다르기 때문입니다. 그러나 중요한 지점이 여기에 있습니다. 그것은 모든 자부심(pride), 탁월함(genius)이나 위엄(majesty)이라는 인간의, 영혼의 상태가 타락하고 부패할 때 '교만'이 시작된다는 것입니다.

분명 인간의 영혼은 아름다워질 수 있는 미학적인 요소가 있습니다. 그러나 그것은 사회적 신분과 경제학적인 소유나, 학문적인 배움의 문제가 아닙니다. 그것은 인간의 영혼을 통해서 나오는 자부심, 탁월함, 도덕성, 위엄 등등입니다. 그러나 그 인간을 빛나게 하는 그 요소들이 썩어지고, 변형될 때, 그 부패한 상태가 교만입니다. 즉, 교만은 영혼의 부패 과정이며, 동시에 썩어진 영혼의 결과물인 것입니다. 인간을 아름답게 하는 요소가 도리어 인간을 가장 타락하게 할 수 있는 것입니다.

아름다움이 부패하는 과정

방금도 말했지만, 성경에 '교만'이라고 번역 되는 히브리어 '가아바'(גַּאֲוָה)와 헬라어 '휘페레파니 아'(ὑπερηφανία)는 둘 다 기원된 의미가 같습니다. 그 문 자적인 표면적인 뜻은, 자부심(pride), 탁월함(genius)이 나 위엄(majesty)입니다. 물론, 이것은 아름다운 것이 고, 소중한 것이고, 영광스러운 것입니다. 그러나 이 자 체가 부패하고 상하고 변질되는 과정이, '교만'입니다. 정리하면 교만은, '가장 아름다운 것들이 부패하는 과 정'입니다.

그렇다면 어떤 것이 부패하고 상하고 변질되는 걸 까요? 사실 그 경우는 너무나 다양합니다. 더 나아가 서 성경은 교만으로 인해서, 아름다운 것들이 부패하 는 과정을, 다양하게 말합니다. 그렇기에 교만의 원인 론을 찾기는 어렵습니다. 어쩌면 교만을 '원인론'에서 부터 찾는 연습은, 모래시계에서, 온 우주의 시간을 계 수하는 행위와 같습니다. 그러나 거꾸로, 교만을 결과 론적인 것으로 찾아볼 수 있습니다. 다섯 가지 결과론 입니다. 첫 번째는 '낮은 교만'입니다. 두 번째는 '초심 을 잃어버림'입니다. 세 번째는 '왜곡'입니다. 네 번째는 '폭력성'입니다. 다섯 번째는 '얼굴'입니다. 그것이 극악스러운 교만의 정점입니다.

번역한즉, 그대가 상황이나 시간에서 낮은 교만이 시작되고, 소중했던 초심이 변하고, 상황을 왜곡하고, 폭력적으로 바뀌고, 결국 무정하다면, 그대는 교만의 정점에 있는 사람인 것입니다.

이제부터 그 교만의 정점에 대해서 한 가지씩 한 가지씩 살펴보도록 합시다.

첫 번째 정점 – 낮은 교만

교만의 정점에 있는 첫 번째 결과론은, '낮은 교만'입니다. 그런데 낮은 교만이 무엇일까요? 사실 이 말은 어려운 말이 아닙니다. 그대가 살아가는 모든 일상 속에는, 낮은 교만이 많습니다. 결론적으로 낮은 교만은 가장 아름다운 것들이 쉽게 변형되고, 부패되며, 악취가 나는 시작입니다. 그런데 더 놀라운 것은, 그 형태는 나의 역사 속에서 언제나 어디서나 찾아볼 수 있는 풍경입니다.

그대가 자주 경험한 것들을 이야기해봅니다. 그대

는 그대가 속한 사회나 회사에서, 그대보다 사회적 위치가 높은 권력자들의 오만한 언행과 태도들을 보았을 것입니다. 그리고 그들의 얼굴과 입에서 쏟아지는 것들을 경험할 때마다, 그대는 다양한 감정들에 함몰됩니다. 그리고 더 다양한 의구심이 출현됩니다. 그 의구심은 대충 이런 것입니다.

'저런 태도를 가진 사람이, 어떻게 저 자리에 있지?'
'저런 언어를 가진 사람이, 어떻게 저 위치까지 올랐지?'

그런 의구심은, 또 다른 확신과 결심을 가지게 합니다. 그것은 일종의 비교의 습작입니다. 그대는 다양한 종류의 오만한 언어와 태도를 쏟아내는 사회적 권력을 보면서, 지금 매우 겸손한 그대의 언어와 태도를 비교하며 습작하는 것입니다. 그런데 그것도 교만입니다. 아주 적나라한 교만입니다. 그 이유는, 반드시 한 가지 결론을 도출하기 때문입니다. 그것은 이런 것입니다.

'저런 종류의 언어와 태도가 없는,

나는 얼마나 훌륭한 사람인가'

'저런 종류의 표정과 심술이 없는,

나는 얼마나 괜찮은 사람인가'

'만약 나중에 내가 저 위치까지 올라간다면,

나는 저들과는 확실하게 다른 사람이 되어야지'

　이런 종류의 비교와 확신이, 낮은 상태에서의 교만입니다. 그 이유는 그대가 그들과 다르다고 생각하는 자체가, 이미 낮은 상태에서 교만의 벽돌을 완고하게 세우고 있는 것이기 때문입니다. 그리고 그 지점에서 결국 그대도 그대의 아름다움을 퇴화시키기 때문입니다. 이것은 그대 자신을 확신하는 순간, 반드시 일어나는 현상입니다.

　사실 그대가 정녕 모르는 것이 있습니다. 그것은 그대가 그토록 미워하고 불편해하고 혐오하는 그런 사회적 권력자도, 그대만 한 시절에는 상당히 겸손했다는 것입니다. 더 나아가 그들은 그 겸손한 시절을 통과했으며, 그대보다 훨씬 높은 사회적 능력으로 준비되었던 사람입니다. 그렇기에 그들은 그대의 시절에, 훨씬 더 많은 것들을 이루었을 것입니다. 즉, 지금 그대가 필요로 하는 사회적 실력과 인정과 덕목과 합의에 있어, 그들은 충분한 합격점을 받았기에, 지금의 그 자리에 있는 것입니다. 인정할 수 없겠지만, 어쩌면 그 시절의 그들은, 지금 시절의 그대보다 더 멋진 사람일 수도 있습니다. 그러나 잊지 마십시오. 그것을 인정하는 것이 겸손의 시작입니다. 낮은 교만을 선택해서, 그대 자신을 확신하지 마십시오. 그대도 모릅니다. 그대에게 그 자리가 주어지는 순간, 훨씬 더 악랄하고, 무정하고, 폭력적인 교만한 사람이 될 수도 있다는 사실을 말입니다.

오마주

제가 아는 집사님 중에, 평생을 어렵게 살아오셨던 분이 있습니다. 그 분은 어린 나이에 공장에 취직하여 공장에서 일하며 살아오셨습니다. 그 분은 중학교, 고등학교를 진학하지 못하였고, 그 시간을 공장에서 일을 하며 살았다고 합니다. 10대를 그렇게 보낸 것도 서러운데, 20대도, 30대도 모두 공장에서 일을 하며 보낸 것이죠. 그 오랜 시간 동안 폭언, 폭행, 집단 구타

까지 있었다고 합니다. 월급을 받지 못한 적도 여러 번 있었고, 생명에 위협이 될 만큼 어려운 상황도 겪었다고 합니다. 이런 것이 공장을 운영하는 사장의 오만함으로 이루어진 일이라 이야기합니다. 그래서 젊은 시절에는 사장을 향한 분노가 있었습니다. 그러나 그럼에도 불구하고, 그 집사님의 평생소원은, 자신도 공장을 운영하는 사장이 되는 것이었습니다.

그때 당시 그 집사님은 일기를 많이 썼다고 합니다. 일기만이 힘들고 어려운 하루를 버티게 해주는 유일한 매개였습니다. 그 일기의 대강의 내용은 이러합니다. '자신처럼 힘든 노동자들에게 웃어주는 사장이 되겠다', '노동자와 함께 점심을 먹는 사장이 되겠다', '노동자에게 근무 여건과 휴가를 보장하는 사장이 되겠다', '절대로 술을 먹지 않는 사장이 되겠다', '하나님 뜻대로 행하는 사장이 되겠다'. 이런 모든 일기의 내용들이, 지금 자신을 힘들게 하는 사장과는 다른 모습을 적어둔 것이었습니다. 집사님은 그 꿈으로, 10-30대를 견디고 준비하고 배우고 익혔습니다. 모든 것을 참고 이겨냈습니다. 그리고 과정을 설명할 수 없는 하나님의 은혜로, 40대 중반에 사장이 되었습니다.

이제 깊게 생각해보겠습니다. 그 집사님은 그토록 바라던 공장의 사장이 되었으니까, 공장 운영을 잘 했을까요? 노동자들을 진심으로 사랑해주는 사장이 되었을까요? 결론적으로 말하면, 그 분은 사장이 되자마자 노동 시간을 더 늘리고, 임금을 더 많이 체불하고, 더 많은 폭언과 폭행을 행사했다고 합니다. 외국인 노동자들에게는 차별과 학대를 일삼았습니다. 그 집사님의 악행은 10년 넘게 계속되었는데 그것이 가능한 이유는, 누구보다도 그가 노동자의 약점을 잘 알고 있기 때문입니다. 결국 그는 사회적인 지탄을 받았고 수감되었습니다. 그런데 제가 이 이야기를 어떻게 그렇게 잘 알고 있냐고요? 그 분이, 제가 아는 교회의 장로님이기 때문입니다. 그 교회도 매우 심각한 충격에 빠졌습니다.

그는 젊은 날 자신이 그토록 미워했던 사장님보다 훨씬 더 악랄하고, 교활하고, 교만한 사람이 되어버린 것입니다. 아니, 어쩌면 그 집사님의 내면은, 자신을 괴롭혔던 사장을 오마주(Hommage)로 꿈꾸었는지도 모르겠습니다. 그러나 그대도 동일할 수 있습니다. 그대는 누군가를 혐오하고, 미워하고, 저주하지만, 사실은 그 사람을 동경하고 있을 수도 있습니다. 오마주처럼요. 혹시 어쩌면, 그런 일그러진 자화상을 꿈꾸고, 괴상한 초상화를 그리는 것이, 젊은 날 괴로운 시절을 보내고 있는 그대 내면의, 은밀한 꿈의 세계인지도 모릅니다.

분명, 그대는 그대를 괴롭히는 어떤 사람을, 지독히 부정하고, 완강하게 부인하고, 강렬하게 욕할 수 있습니다. 그 악한 사람과 순결한 그대는, 질적으로 다른 인간이라고 확신할 수 있습니다. 그러나 그대 내면의 오마주는, 그대를 가장 괴롭히는 그 사람의 형상인지도 모릅니다. 번역한즉, 그대의 젊은 시절 속에서 지독히 꿈꾸는 사람은, 그대를 괴롭혔던 그 사람과 가장 닮아 있을 수 있습니다.

겸손할 이유가 있는 시절

저는 그대의 나이를 모릅니다. 그대의 직업도 모릅니다. 그러나 제가 확신하는바, 그대가 이 책을 진지하게 읽을 정도라면, 아마도 그대는 지금 '겸손할 이유가 있는 시절'일 수도 있습니다. 그대는 그 시절을 어떻게 보낼 것인가요?

혹 그대의 빛나지 못한 직함과 명함들로 인해서 괴로워하고 있는 것은 아닙니까? 그러나 그대의 직함, 명함들이, 타인보다 빛나지 않는다고 괴로워할 필요가 없습니다. 그 이유는 그대가 '과정 중'에 있는 사람이라는 것을 모두가 알기 때문입니다. 사실 그것이, 모든 의미를 담아서 가장 '좋은 시절'일 것입니다. 그 이유는 배울 수 있는 과정과 과정 중에 배움은, 그대가 무한대로 성장할 수 있는 기회를 제공해주기 때문입니다. 어쩌면, 그것은 살면서 진정 축복 속에 있는 특별한 시간입니다. 그리고 그 시간에 빚어지고 만들어지는 그대의 내면은, 진정 위대한 꿈으로 형성되는지도 모릅니다. 쉽게 번역한즉, 겸손할 이유가 있는 시절이, 가장 복된 시간이라는 것입니다. 무엇보다 이 시절에는 모든 것이 소중한 법입니다. 그리고 자기 자신을 진심으로 사랑해주는 시간입니다.

그렇기에, 그 겸손할 수 있는 시절에 가장 경계해야 하는 것은 '낮은 교만'입니다. '낮은 교만'은 어떤 의미에서 더 치명적이고 더 위험합니다. 늘 끝없이 자신을 남과 비교하며, 남과 시시비비를 따져보는 연습은, 결국 그대를 성장시키지 못합니다. 잊지 맙시다. 낮은 교만은, 그대가 진정 겸손하고 배울 수 있고 아름다워질 수 있는 자신의 시절을, 가장 잘못된 형태로 보내는 확실한 방법입니다.

두 번째 정점 - 초심

교만의 정점에 있는 두 번째 결과론은, '초심을 잃어버림'입니다. 성경에서 하나님은 초심을 잃어버린 사람을 심하게 책망합니다. 물론 모든 초심의 잃어버림에 대해서, 하나님이 관여하는 것은 아닙니다. 또 어떤 초심은, 더 넓고 깊게 변형되기도 합니다. 그러나 하나님은, 당신이 아주 특별한 은혜와 마음을 주셨음에도 불구하고, '초심'을 잃어버린 사람을 강력하게 책망합니다. 그게 누구일까요? 사실 너무나 많습니다.

아담과 하와는 초심을 잃어버림으로, 선악과를 먹었습니다. 이스라엘의 초대 왕이었던 사울도 초심을 잃어버림으로 범죄합니다. 그 범죄는 사무엘을 기다리지 않고 제멋대로 직접 제사를 드린 것이고, 아말렉을 쳐서 진멸하라는 하나님의 명령을 어기고 전리품을

숨긴 것입니다. 다윗도 그러합니다. 그의 초심은 골리앗을 이길 만큼 충천하였으나 이후에는 우리아 장군의 아내 밧세바를 범하는 죄인이 됩니다. 사실 너무나 많이 있습니다. 그런데 이런 성경의 이야기 말고, 그대의 역사 속에서 잃어버린 초심을 생각해봅시다. 저는 개인의 역사에 있어서 그 대표적인 예시가, 결혼의 곡선이 가지는 전과 후라고 생각합니다.

처음 마음

저는 개인적으로 인간이 가장 크게 초심을 결심하고, 초심을 잃어버리는 과정이 결혼이라고 생각합니다. 보통 그리스도인은 결혼을 결심할 때, 하나님 앞에서 아주 간절한 탄원을 합니다. 특히 남자들은 더욱 그러합니다. 보통 이런 기도들이죠.

'하나님, 저 자매랑 결혼할 수 있다면, 저는 나쁜 행실을 다 끊겠습니다.'
'만약 하나님, 제가 저 자매와 결혼을 할 수 있다면, 저는 선교를 가겠습니다.'

유치하고 웃긴 기도문입니다. 실제로 문자 그대로 이런 기도를 했을 수도 있고, 안 할 수도 있습니다. 그러나 대부분 형제들은 어떤 대상과 결혼을 하기 위해서, 하나님 앞에서 이런 형태의 기도들을 합니다. 경우에 따라서 더 적나라하기도 하고, 더 유치하기도 하며, 더 맹렬하기도 합니다. 중요한 것은, 그 시절 형제들은 매우 겸손하고 간절해지게 되죠.

그러나 하나님이 형제들의 그 간절한 기도에 응답해서, 정말 결혼을 하게 되면 어떨까요? 과정을 설명할 수 없는 하나님의 은혜로, 정말 결혼을 하게 되면, 아무것도 바랄 것이 없이, 만족하지 않을까요? 존재 자체만으로도 엄청난 사랑을 주지 않을까요? 그러나 참 신기하게도, 결혼을 하면 형제들은 초심을 잃어버립니다. 참으로 이상합니다. 처음에는 화도 못 내던 사람이, 자기 아내에게만 화를 냅니다. 고운 말만 쓰던 표현들은 사라지고, 거친 표현들과 상처가 되는 아픈 말만 합니다. 행동도 마찬가지입니다. 일부러 자기 아내를 아프게 할 만한 행동만 골라서 합니다. 참으로 신기합니다. 너무나 사랑해서 결혼을 위해 간절히 기도까지 했는데, 그 아름다운 마음은 어디로 갔을까요?

그 다정한 마음이 변합니다. 그 소중한 초심이 변합니다. 물론 그것이 '성숙함'으로 무르익을 수도 있지만, 그것과는 완전히 다른 부패함이 될 수도 있습니다. 그리고 부패한 초심(初心)은, 변심(變心)이 되기도 합니다. 그리고 그것이 계속 커질 때, 그 아름다운 사랑으로, 나의 배우자에게 평생 지울 수 없는 상처를 주기도 합니다.

물론 이것이 남자들만의 이야기는 아닐 수 있습니다. 남녀 모두에게 해당하는 이야기일 가능성이 상당히 높죠. 그러나 이야기의 편의상 남자들의 이야기로 해보았습니다. 왜냐하면, 결혼 후 남자들은 자주 오만해지고, 교만해지고, 바보 같아지는 경우를 쉽게 보기 때문입니다.

우리 엄마 맛이 아니야

저의 이야기를 해보려고 합니다. 저는 결혼을 일찍(?) 했습니다. 제 나이 28살에 했으니, 벌써 결혼 10년 차입니다. 저는 제 아내와 1년 10개월을 교제했는데, 놀랍게도 데이트는 10번 정도 했습니다. 저와 제

아내는 딱 11번째 데이트를 할 때, 결혼을 한 것입니다. (물론 지금 와서 보면, 그렇게 했기에 결혼이 가능했던 것 같다고 생각합니다.) 이렇게 결혼을 할 수 있는 배경에는, 환경적인 요인들이 있었습니다. 당시 저는 대학생이었고, 서울에서 살았습니다. 제 아내는 직장인이며 군산에서 살았습니다. 그렇기에 저희가 데이트를 할 수 있는 날은, 공휴일밖에 없었습니다. 1년 10개월간, 우리에게 주어진 공휴일은 10번 정도였고, 그 안에서 서로 최선을 다해서 만났습니다. 서로의 지리적인 단점을 극복하고자, 그 중간 지역인 대전, 대천, 홍성, 천안 등에서 만났습니다. 그러나 당시 우리는 20대였고, 타지역을 잘 알지 못했습니다. 그래서 늘 헤매고 실수하고 어려웠습니다. 당연히 자가용은 없었고, 늘 대중교통으로 만나고 다녔습니다. 그렇기에 그 소중한 공휴일에, 만나서 데이트를 하고, 조금 데이트 코스를 헤매다 보면, 금세 헤어져야 했습니다. 기차든 버스든, 막차를 타더라도, 돌아가는 시간도 상당하기에, 일찍 떠나야 했습니다. 당시에는 정말 매번 헤어지는 것이 너무 아쉬웠죠. 그 당시 남자인 저의 마음에는 한 가지 기도밖에 없었습니다.

'하나님, 이 자매를 저에게 배우자로 허락하시면,

제가 정말 잘하겠습니다.'

'결혼할 수 있다면, 제가 이 자매를 정말 소중하게 대하겠습니다. 머리카락 하나도 상하지 않게 하겠습니다.'

'결혼할 수 있다면, 어떤 것이든 감당하겠습니다.

제가 하나님께 죽도록 충성하겠습니다.'

　　여러분이 볼 때는 유치하다고 생각할 수 있습니다. 그러나 사실 저는 저보다 더 유치한 언어와 희망과 소망을 담아 더 많이 기도했습니다. 새벽마다, 철야마다 했었습니다. 어느 날은 하루 종일 기도하기도 했습니다. 저에게는 그 정도로 간절했습니다.

　　그런데 정말 하나님의 은혜로 제 아내와 결혼을 하였습니다. 모든 것이 순탄하였습니다. 섭리 가운데 행복한 결혼식을 올렸습니다. 그런데 결혼을 하자마자 첫 싸움의 주제가 '밥'입니다. 그리고 그 밥 때문에 서로에게 굉장히 실망했죠.

　　제 아내는 저와 결혼을 하기 전에, 사회생활만 9년을 하였습니다. 그렇기에 20대인 아내는 요리가 서툴렀을 것입니다. 그럼에도 불구하고 저를 위해서 처음으로 요리를 했는데, 제 입맛에 안 맞은 것입니다. 그래서 제가 먹자마자 한마디를 했습니다.

'아, 맛없어_ 우리 엄마 맛이 아니야_'

그날 아내는 많이 울었고, 저는 그것을 이해할 수 없었습니다. 그리고 우리 둘은 그날 서로 한 치의 물러섬 없이, 싸웠습니다. 정말 치사하고 쪼잔하고 쩌질하게 밥으로 싸웠습니다. 밥 때문에, 이혼할 만큼 싸웠습니다. 그리고 저는 싸우면서, 자연스럽게 이런 생각을 했습니다.

'아_ 아무래도 결혼을 잘못한 것 같다.'
'하나님은 왜 이런 사람을 내 배우자로 허락하셨지?'

이 글을 읽는 그대가, 저를 욕해도 좋습니다. 정말 저를 심하게 욕을 해도 괜찮습니다. 그런데 너무 신기한 것은, 당시에 저에게 저 마음이 자연스럽게 들어왔다는 것입니다. 그날의 기억을 다시 떠올려도, 신기합니다. 어디서부터 저런 마음이 온 것일까요? 유치

할 정도로 간절했던 저의 기도 제목들은 다 어디로 갔을까요? 한 사람을 향한 간절하고 아름다운 그 사랑이 변형된 것입니다. 왜 그럴까요?

결국 이유는 그 모든 잘못이, 타인에게만 있다고 생각한 것입니다. 그럴 때, 아름다움이 시들어버리는 교만이 시작됩니다. 영광스러운 것들이 부패하기 시작하는 교만이 시작됩니다. 그리고 그 교만의 정점은, 결코 행복이 아닙니다. 또 아름다움도 아닙니다. 그 교만의 정점은 사망입니다. 그것이 성경의 일관된 메시지입니다.

교만은 패망의 선봉이요
거만한 마음은 넘어짐의 앞잡이니라
잠언 16장 18절

교만의 정점은, '처음 마음'의 변질입니다. 물론 처음 마음을 지킨다는 것이, 모든 것의 기준이 될 수는 없습니다. 우리의 삶은 더 다양하고 다채롭기 때문입니다. 그렇기에 가끔 마음의 중심과는 다른 상황적 시간을 만날 때가 있습니다. 아니, 자주 그렇습니다. 그렇기에 상황에 따라서, 마음이 정의될 때가 많죠. 그러나 그렇다고 해서, 그것이 처음 마음을 버릴 수 있는 정당한 이유도 되지 않습니다. 더 나아가 인간은 처음 마음을 잃어버리고서는, 결코 아름다워질 수가 없습니다. 그 어떤 영역에서도 마찬가지입니다. 그렇기에, 교만은 '처음 마음'이라는 그 아름다움을 소중하게 다루지 못하는 것을 정당화합니다. 그리고 교만은 소중하게 여겨야 할 그 처음 마음을 훼손합니다.

세 번째 정점 - 왜곡

교만의 정점에 있는 세 번째 결과론은, '왜곡'입니다. 왜곡이란 무엇일까요? 왜곡의 사전적 의미는 "사실과 다르게 해석하거나 그릇되게 함"입니다. 그러나 성경에서 제시하는 교만의 정점으로서의 왜곡의 주어는 '나'입니다. 즉, "나의 관점에서 모든 것들을 다르게 해석하거나 그릇되게 이야기함"입니다. 이것은, 교만의 기점에서 이야기한 '관점의 주어'와 비슷한 면이 있습니다. 그러나 교만의 정점으로서 왜곡은 그것보다 더한 파괴력을 가지고 있는데, 그것은 '원망'의 마음입니다. 결국 나는 나의 관점에서 모든 사실들을 왜곡함으로써, 지독하게 누군가를 원망할 근거와 이유를 찾습니다. 그리고 그 원망은 산을 이루고 바다를 이루어, 누군가에게 폭력을 사용하는 것을 당연하게 여기는 정당성을 확보합니다. 그래서 교만의 정점은 폭력성입니다. 폭력을 정당화하는 것이죠. (이것은 그다음 내용에서 자세하게 다루겠습니다)

그렇기에, 왜곡으로서 교만은 달콤합니다. 결론적으로, 누군가를 원망하면서 '나 자신이 얼마나 대단한지'만 생각하기 때문입니다. 아니면, 누군가를 원망하면서 '나 자신이 얼마나 억울하고 피해자인지'만 생각하기 때문입니다. 관점의 주어를 온통 점령해서, 가장 아름다운 것들을 퇴화시켜버립니다. 가장 영광된 것을 욕되게 합니다. 그런 욕과 흉과 원망은 참으로 쉽습니다. 그러나 그것이 자기 자신마저 망치고 있다는 것을 알아차리기는 어렵습니다. 결국 교만은, 모든 판단력을 왜곡시킵니다. 절대로 객관적으로 상황을 판단하지 못하게 합니다. 상황을 바르게 성찰하지 못하게 합니다.

무엇보다 하나님을 바라보는 '나'로서, '나 자신'을 바라보기를 거부합니다. 성경의 기준보다는 나의 기준을 중시합니다. 왜냐하면, 나는 내가 설득이 되기 때문입니다. 그것을 논리라고 생각하고, 합리라고 판단하고, 정당하다고 결론을 맺습니다. 나는, 나에게만 설득되면, 전부라고 생각하는 것이죠.

너희 한국인의 문제가 뭔지 알아?!

제 친구 중에 공부를 참 잘하는 사람이 있습니다. 그 친구는 확실한 비전으로 신학대학교 교수를 꿈꾸었습니다. 그래서, 어린 나이에 독일어 공부를 했습니다. 그의 목표는 빨리 독일로 유학을 가서, 학위를 마치는 것이었습니다. 그래서 국내에 들어와 신학교수가 되고 싶었던 것이죠. 결국 그 친구는 신학교에서 학부를 졸업하자마자 독일에 갔고, 하이델베르크(Heidelberg)에 들어갔습니다. 그는 하이델베르크대학에 입학할 때, 그 감격을 잊을 수 없다고 합니다. 정말 세상을 다 가진 것 같은 기분이었고, 이 세상의 모든 학문을 다 성취한 것 같은 기분까지 들었다고 합니다.

그런데 이제부터 참 재미있는 이야기가 시작됩니다. 그 친구는 독일로 유학을 가서 언어에 문제는 없었다고 합니다. 왜냐하면 한국에서 신학교를 다닐 때, 신학공부보다도 독일어 공부를 하도 오래 해서, 독일어 자체에 어려움이 없었다고 합니다. 그런데 대학교 학부 때, 신학공부를 많이 하지 못했기 때문에, 독일에서 이론 신학들을 학습하는 것이 매우 어려웠다고 합니다. 그렇지만 무시당하기 싫어서, 몰라도 다 아는척했다고 합니다. 그러던 어느 날 수업에서 교수님이 "볼프하르트 판넨베르크(Wolfhart Pannenberg)의 역사로부터의 계시를 아는 만큼 설명하시오"라고 물었다고 합니다. 친구는 아는척하며 얼버무렸다고 합니다. 또 자신이 알지도 못하는 말을, 마구잡이로 혼합해서 이야기했다고 합니다. 교수님은 그 대답을 천천히 듣더니, 몇 가지로 다시 반문을 했는데, 이 친구는 무시당하기 싫어서, 또 이런저런 말을 혼합하여 아는척을 했다고 합니다. 그러자 그때 그 교수님이 딱 한마디를 했다고 합니다.

"너희 한국인들의 문제가 뭔지 알아?
두 가지야. 첫 번째는 교만함, 두 번째는 아는척.
모르는 것을 모른다고 하는 건, 부끄러운 게 아니야.
모르는 것을 아는척하는 것이 부끄러운 것이지."

아마도 그 교수님은, 오랜 시간 동안 한국에서 유학을 온 학생들을 만나면서, 비슷한 감정을 겪으셨던 것 같습니다. 그래서 아주 진지하게, 겸손한 태도로 공부해야 할 것을 이야기해준 것입니다. 그러나 그 친구는 정말 당장이라도 도망치고 싶었다고 합니다. 너무 부끄러웠기 때문입니다. 교수님의 말이 단 하나도 틀린 말이 없기 때문입니다. 이 사건이 있기 전에, 그는 자신이 다른 사람들에 비해서 엄청난 속도감을 가진 사람이라고 생각했습니다. 또 공부를 매우 잘한다고 생각했었죠. 그러나 실상은, '아는척했던'것입니다. 그것이 교만입니다. 그렇기에 그 아는척은 자신을 왜곡시키고, 상황을 왜곡시킵니다. 그래서 지불해야 할 시간과 감정을 낭비하게 합니다. 결국 성장하지 못하게 하는 것입니다. 이 모든 것이 교만의 열매입니다.

교만은 결국 자신의 감정과 상황을 왜곡시킵니다. 그래서 직면하고 있는 다양한 상황들을 정확하게 파악하지 못하게 합니다. 모든 주어와 목적어를 점령해버리면 그러합니다. 결국 알맞은 판단을 하지 못하게 합니다.

그렇기에 교만의 정점으로서 '왜곡'이 가장 무서운 것은, 정확한 걸음을 걷지 못하게 하는 것입니다. 그것은 진정한 의미에서 가장 아까운 낭비입니다. 그 이유는 바르게 배우거나 올바르게 성장하거나 성숙할 수 있는 기회가 사라져버리기 때문입니다. 그렇기에 마땅히 얻을 수 있는 소중한 의미들과 에너지들을 얻지 못합니다. 그것이 왜곡이 주는 교만의 파괴력입니다.

그 왜곡으로서 교만을 통해 얻을 수 있는 것은, 단지 나 자신에 대한 허영심뿐입니다. 그 허영심은 모든 감정과 상황을 왜곡시키는 굴곡일 뿐입니다. 잊지 맙시다. 그 허영심을 아무리 키운들, 그것은 내가 아닙니다. 또 다른 이름의 우상일 뿐입니다. 그리고 그 우상을 키우면 키울수록, 나는 관계에서 소외됨을 느낄 것입니다. 결국 내 주변에 나밖에 없다는 것을 느꼈을 때, 후회해도 소용없습니다.

네 번째 정점 - 폭력성

교만의 정점에 있는 네 번째 결과론은, '폭력성'입

니다. 교만은 결국 폭력성을 목표로 가지고 있습니다. 더 섬세하게 표현하면, 폭력을 행사하는 자기를 정당화시키고, 폭력을 당하는 타자를 합리화시키는 것입니다. 그 폭력성의 처음은, 지독하게 자기중심적으로 해석하는 문법입니다. 교만은 모든 부분에서 파렴치하게 자기의 감정만 생각합니다. 어떤 상황에서도 자기의 상황만 고려하는 것입니다. 더 나아가 자기의 욕망, 이기심, 자기의 원함에 대해서만, 지독하게 몰두할 뿐입니다. 그리고 그것이 자기 인생의 '권리'라고 생각하는 것이죠. 그래서 결국 타인의 관점, 타인의 판단, 타인의 상황과 어려움에 대해서는, 단 한 가지도 공감하지 않는 것입니다. 결국 일방적으로 자기의 말만, 자기의 생각만, 자기의 행동만 하는 것입니다. 그들은 나만 이해되면, 세상도 이해된다고 생각을 하니까요. 그래서 폭력에 대한 합리적인 생각을 하는 것입니다. 그것이 가장 무서운 '폭력성'입니다. 그렇기에 교만의 목적은 결국 '폭력성'입니다.

머리카락은 누구의 것인가?

몇 년 전 어떤 교회에서 수련회를 인도한 적이 있습니다. 저를 강사로 초대해주신 분은 저와는 일면식도 없는 목사님입니다. 저는 3일 동안 설교를 했고, 할 수 있는 최선을 다해 말씀을 전했습니다. 많은 성도님들이 은혜를 받았다고 해주었습니다. 그중에 가장 큰 은혜를 받은 사람은, 저를 초대해주신 목사님이셨습니다. 설교가 끝나고 강단을 내려올 때마다 목사님은 따듯하고 포근한 언어로 저에게 말씀해주셨습니다. 참 좋았습니다.

그 분은 3일 내내 제 옆에서, 저를 챙겨주고, 저와 대화하고, 저를 사려 깊게 대해주셨습니다. 그 모습이 상당히 인상적이었습니다. 어떤 부분에 있어서는, 목회자로서 저의 모습에 적용을 해야겠다는 생각이 들 정도였습니다. 즉, 배울 점이 있었습니다. 그런데 이상한 점도 있었습니다. 그것은 저와 함께 3일 동안 식당에 갈 때마다 참 재미있는 풍경이 벌어졌다는 것입니다.

"어이, 물도 안 주세요?!"

"저기, 음식이 짜네요?!"

"아니, 주문한 지가 언제인데 빨리빨리 안 나오나요?!"

"에휴, 진짜 답답하네!"

　이런 어감들이 문자로 얼마나 전달될지는 모르겠습니다. 그런데, 함께 식당에 갈 때마다, 저는 많이 불편했습니다. 마치 스스로 대단한(?) 권리자인 것처럼 행동을 합니다. 제가 볼 때(물론 저의 판단이 오해일 수도 있지만), 주문을 받는 종업원이 아주머니면 일부러 더 화를 내고, 그 목사님의 기준에 서비스가 부족하다 싶으면 더 언성을 높입니다. 그런데 제 기준에서는, 함께 갔던 식당의 서비스 매너는 전혀 문제가 없었고, 그래서 매우 이상했고 불편했습니다.

　마지막 날 간 곳은 중식당이었습니다. 날이 더웠고, 땀이 났습니다. 그래서 목사님은 자신의 머리칼을 연신 위로 올리셨습니다. 주문을 했고 메뉴가 신속하게 나왔습니다. 메뉴가 신속하게 나왔기 때문에, 저는 속으로, '아, 다행이다'라고 생각했습니다. 그런데 그 목사님이 엄청나게 화를 내는 것입니다. 자신이 주문한 '양송이덮밥'에서 머리카락이 나왔다는 것이죠. 저는 그 머리카락을 보면서, 그것이 목사님의 머리카락이라고 생각했습니다. 그 이유는 곱슬 모양이 목사님의 모발과 너무 비슷했기 때문입니다. 또 날이 더워서 머리를 연속적으로 위로 올리다보니 떨어졌다고 생각했습니다. 만약 그 자리에 저 말고 다른 사람이 있었더라도, 동일하게 생각했을 것입니다. 그러나 그 목사님의 생각은 다릅니다.

"여기, 주방장 오라고 해요!!"
"아니, 사장 나오라고 해요!!"
"도대체 이렇게 하고, 어떻게 음식을 팔겠다는 거야!!"

저는 정말 그 자리가 너무 불편했습니다. 곧장 주방장이 달려왔는데, 그 분은 대머리였습니다. 심지어 주방 모자도 쓰셨습니다. 또한 종업원도 긴 생머리의 여자 종업원이었습니다. 곧장 사장님이 왔습니다. 상황을 보더니 공손하게 대답합니다. "손님, 메뉴를 새로 만들어 드리겠습니다. 그러나 이 머리카락이 주방장의 것이나, 종업원의 것이라는 것은 오해일 수 있습니다. 제가 볼 때 손님의 머리카락 같아 보입니다." 그런데 그 목사님이 하는 말이 점입가경입니다.

"이게 내 머리카락이라고요?! 자신 있어요?!"

"이거 국과수(국립과학수사연구원)에 보내볼까?!(반말로)"

그대는 이 모습을 보면서 무엇을 느낍니까? '손님은 왕이다'라는 구호처럼 손님 말이 무조건 맞는다고 생각하시나요? 그 중식당에 문제가 많다고 생각합니까? 아니면 현대 사회에서 손님이 누릴 수 있는 최대한의 권리를 누리는, 당연한 행위라고 생각하나요?

이것이 교만입니다. 더 섬세하게 말하면, 교만이 가지는 폭력성입니다. 자신의 관점을 투영하기 위해서 매번 무리수를 둡니다. 그 무리수에는 폭력적인 논리와 논지가 심겨 있습니다. 그리고 자신이 행하는 일방적인 폭력을, '당연한 권리'라고 생각하는, 썩은 생각들이 있습니다. 상대가 느끼는 감정, 상대가 느끼는 모멸감은 상관하지 않습니다. 자기만 이해되면 전부라고 생각합니다. 그런데, 그것이 폭력적이고 악한 교만입니다.

더 나아가 상황을 객관화해서 바라볼 수 없습니다. 비틀어진 감정이, 틀어져버린 상황을 읽어냅니다. 계속해서 잘못된 것을 투영해서, 다시 왜곡하게 되고,

정점

변질되게 합니다. 교만을 부리는 자신이 잘못하고 있음에도 불구하고, 늘 타인 때문이라고 변명합니다. 그렇기에 다시 정리하면, 교만은 타인과 나와 상황에 대한 의식과 연대가 없습니다. 그것이 아주 심각한 교만의 모습입니다. 그런 교만은 폭력을 당연하게 여기는, 죄악 된 논리와 논지를 가지고 있습니다. 결국 하나님만 아시겠지만,

그래서
그리고
그렇기에
그러므로
결국,

머리카락은 누구의 것일까요?

하나를 보면 알 수 있는 것들

저는 그 모습을 보면서, 그 분이 저에게 했던 모습이 가식이라고 생각했습니다. 오히려 식당에서의 모습

이 가장 평소의 모습이라고 생각했습니다. 더 나아가, 그 분이 사역하는 교회의 부교역자의 모습을 생각해보게 되었습니다. '머리카락 논쟁' 하나만 보더라도, 혹여 교회의 부교역자를 향한 폭언이나 폭력적인 눈빛을 당연하게 여기는 것이 아닐까 하는 생각이 들었습니다. 하나님이 교회를 세우라고 함께 붙여주신 '동역자'가 아니라, 자신의 기분에 따라서 언제든지 하대할 수 있는 '노역자'로만 생각하는 것은 아닐까, 고민이 되었습니다. 하나를 보면, 여러 가지가 보일 때가 있으니까요.

이런 모습들이, 교만이 가지는 폭력성입니다. 이 폭력성은 어떤 의미에서, 타인을 향한 물리적인 폭행보다 더 강력한 힘을 가지고 있습니다. 그것은 상대가 어떻게 되든 상관없이, 자기 자신의 목적만 달성하면 되는 마음의 광기(狂氣)가 있기 때문입니다. 그 마음의 광기는 자신의 목적을 채우기 위해서, 타인의 존재는 도구화됩니다. 교만은 결국 그 폭력성으로 자기 자신의 원대함을 이룰 수 있으리라 생각하죠. 그러나 다시 한번 강조하지만, 그것은 착각입니다. 거기에는 다시 반복되는 '왜곡'만 있을 뿐입니다. 하나를 보면, 여러 가지가 보일 때가 있습니다. 교만으로 타인을 이기

려는 사람은, 결국 자기 자신을 죽이는 칼을 만들게 될 뿐입니다.

다섯 번째 정점 – 얼굴

마지막으로 교만의 정점에 있는 다섯 번째는, '얼굴'입니다. 그렇다면, 교만의 정점에 있는 얼굴이란 무엇일까요? 사실 이것은 굉장히 난해한 주제입니다. 저 같이 외모에 있어서 불리한 위치를(?) 가진 사람들은, 조금만 표정이 어두워져도, 남들에게 오해를 받기 쉽습니다. 반대로 외모가 뛰어난 사람은, 표정이 조금만 어두워져도, 늘 주변에서 포근한 사랑을 담은 걱정을 해줍니다. (농담입니다.)

먼저, 얼굴을 담은 표정을 이야기해봅시다. 결국 그래서 '표정'이란 무엇일까요? 이것은 정말 다양한 관점에서 정의할 수 있습니다. 그러나 성경적 관점에서 인간의 얼굴과 그 얼굴이 담고 있는 표정은 '영혼의 상태'입니다. 성경은 그런 관점에서 인간의 얼굴과 표정을 정의합니다. 그렇기에 '교만'이라는 관점에서 해석하는 인간의 얼굴과 표정도 동일합니다. 그것은 '얼굴에 대한 평가'가 아니라, '심령에 대한 평가'입니다. 즉, 표정은 마음속에 품은 감정이나 정서 따위의 심리상태가 겉으로 드러나는 모습입니다. 성경은 인간의 얼굴이 인간의 심령과 깊은 관련이 있음을 구체적으로 말해줍니다.

마음의 즐거움은 얼굴을 빛나게 하여도
마음의 근심은 심령을 상하게 하느니라

잠언 15장 13절

악인은 자기의 얼굴을 굳게 하나
정직한 자는 자기의 행위를 삼가느니라

잠언 21장 29절

물에 비치면 얼굴이 서로 같은 것같이
사람의 마음도 서로 비치느니라

잠언 27장 19절

　　잠언에 국한해서, 짧게 세 구절 정도만 보았지만, 성경은 더 다양하게 인간의 얼굴과 심령의 상태에 대해서 이야기합니다. 그것은 매우 밀접한 관련이 있는 지점이죠. 결국 인간의 얼굴은 그 마음의 상태가 드러나는 무대입니다. 그렇기에 어떤 의미에서 영혼의 상태는, 인간의 얼굴에서 반드시 드러납니다.

그러나 지금은, 표정 이야기를 조금 더 해봅시다. 표정은 사람의 영혼의 상태가 표현되어 있는 그림입니다. 이것은 잘생겼다, 못생겼다의 차원이 아닙니다. 얼굴 표정에는 반드시 그가 품고 있는 것들이 드러납니다. 그가 가진 욕망, 욕심, 욕구가 드러납니다. 흘기는 눈빛 하나에도, 정확하게 그것들이 보입니다. 물론 상황에 따라서, 사람에 따라서, 자신의 표정을 잠시 잠깐은 감출 수 있고, 속일 수 있습니다. 그러나 모든 시간과 순간과 상황에서 가면을 쓰거나 연기를 할 수는 없습니다. 왜냐하면, 인간의 마음은 그리 한결같지 않기 때문입니다.

연기를 전문으로 하는 연기자도 결국, 레디 액션 (Ready, Action) 하는 시간과 공간에서만 연기자입니다. 그 어떤 엄청난 연기자도 무대 뒤에서는, 숨길 수 없는 표정을 가진 인간의 얼굴을 소유한, 한 평범한 개인입니다. 즉, 인간은 자신의 감정과 마음과 표정을 매번 완벽하게 통제할 수 있는, 부자연스러운 기계가 아닙니다. 인간은 행복한 것에 대해서, 불쾌한 것에 대해서, 안도의 한숨에 대해서, 좌절에 대해서, 모든 것이 얼굴에서 드러나는, 자연스러운 창조물입니다. 그래서 인간의 얼굴은 한 끼의 식사 앞에서도, 한 번의 악수에서도, 매번 같은 것 같지만, 아닙니다. 우리의 얼굴은 매번 다릅니다. 또 내일도 달라질 것입니다.

그렇다면 교만을 담은 얼굴은 어떨까요? 동일합니다. 교만도 인간의 얼굴에 보입니다. 그렇다면 그것은 구체적으로 어떤 것일까요? 말씀 한 구절을 깊게 상고합시다.

악인은 그의 교만한 얼굴로 말하기를
여호와께서 이를 감찰하지 아니하신다 하며
그의 모든 사상에 하나님이 없다 하나이다

시편 10편 4절

시인은 교만한 인간의 얼굴에 대해서 이야기합니다. 그러나 그 얼굴을 인간이 가지는 눈, 코, 입, 귀 같은 것으로 설명하지 않습니다. 아주 정확한 의미에서,

그 얼굴은 그 영혼이 토해내는 언어의 함의들로 규정합니다.

쉽게 이야기해서, 교만한 얼굴이란, 어떤 사람의 캐릭터와 같은 표정 자체를 말하는 것이 아니라, 한 사람의 심령의 언어를 말하는 것입니다. 이것은 대단히 중요한 문제입니다. 그 이유는 심령의 언어가 곧, 그 사람의 존재를 이루고 있는 세계이자 우주이기 때문입니다. 결국 그 우주에 무엇이 심겼는지를 볼 수 있는 것이, 심령의 언어입니다. 그렇다면 교만한 언어란 무엇일까요? 시편과 잠언의 인간 연구는 이 지점에서 분명한 한 가지를 지적합니다. 그것은 교만한 얼굴을 하고 있는 언어에는 두 가지가 확실하게 있다는 것입니다. 첫 번째, '하나님이 나를 관찰하지 않아'라는 생각입니다. 번역한즉, 나의 범죄, 나의 악행, 나의 적나라함에 대해서 관심을 가지지 않는다는 것입니다. 두 번째, 그래서, 그렇기에 결국 '하나님은 없다'는 논리, 사상, 도덕, 계산, 세계관을 확실하게 하는 것입니다. 번역한즉, '마음대로 살고 싶은 삶'입니다. 그런데 마음대로 살고 싶다는 삶이, 마음 내키는 대로 살고 싶다는 것은 아닙니다. 크리스천에게 이것은 매우 중요한 기로입니다. 매우 모순적이면서 역설적인 삶입니다. 그래서 결국 그것은 어떤 것일까요? 그것은 아마도 이런 삶의 문법일 것입니다.

'하나님을 믿지만, 세상을 갈망하는 삶'
'하나님께 나아가지만, 세상에 더 가까워지고 싶은 삶'
'진리의 가르침을 갈망하지만,
세상의 논조와 논리를 더 긍정하는 삶'

이것은 인문학적인 관점에서 인간의 자유를 말하는 것이 아닙니다. 성경적인 관점에서 하나님과 세상을 동시에 갈망하고, 불신하기도 하는, 모순적인 문법입니다. 그리고 그 불신에는, 하나님이 없다는 논리가 숨겨져 있는 것이죠. 그렇기에 그 문법으로 토해내는 모든 언어들이 다 교만한 얼굴입니다.

무엇이 매력인가?

그대의 주변에도, 크리스천이면서 꽤 괜찮은 얼굴을 하고 있는 사람들이 있을 것입니다. 늘 예배를 잘

정점

드리고, 교회 안에서 봉사도 적절하게 합니다. 또 교회 안에서 관계를 맺을 때, 적절한 유머와 위트로 분위기를 잘 끌어가는 사람이 있습니다. 아니면 분위기를 잘 맞추는 사람들입니다. 나름 사회적인 위치도 안정적입니다. 옷도 잘 입습니다. 주변 어른들에게도 참 잘합니다. 때로는 소신 있는 모습으로 행동합니다. 그대 주변에 이런 얼굴을 하고 있는 사람이 없습니까?

그(그녀)의 표정과 얼굴에는 분명 매력이 있습니다. 나뿐만 아니라 주변으로부터 호감이 있습니다. 만약에 그런 호감 있는 관계가, 남녀라는 이성 관계라면 더 불꽃이 튑니다. 마치 그 사람이, 하나님이 보내주신 이상형 같고, 더 나아가 하나님이 보여주신 기도의 응답 같죠. 그런 관계가, 분명 이성 관계라면 엄청난 몰입감과 에너지를 줍니다.

그래서 그대는 용기를 냅니다. 그런 얼굴을 하고 있는 그(그녀)와 대화하기 위해서 말을 합니다. 밥을 먹자고, 차를 마시자고, 영화를 보자고, 전시회를 가자고, 혹은 어떤 모임에 함께 가자고, 플러팅을 합니다. 그리고 하나님의 은혜로(?) 성공합니다. 좋습니다. 아주 좋습니다. 그대가 원하는 만남이 이루어집니다.

그런데 중요한 것은, 단 5분의 대화에 확(?) 깬 적은 없습니까? 막상 깊은 대화를 해보았는데, 그(그녀)의 말을 깊게 들어보면, 그 말 안에, 하나님이 전혀 없는 사람들이 있습니다. 하늘로부터 배운, 진리의 가르침들이 전혀 없습니다. 더 나아가, 아주 이상한 세계관을 소유한 사람임을 발견한 적은 없습니까?

청년부 회장

지금은 제가 목사이지만, 사역자가 되기 전에, 교회 청년부에서 청년생활을 하였습니다. 당시 제가 있던 교회는, 200-300명의 청년들이 모이는 교회였습니다. 그 동네에서는 가장 큰 교회였습니다. 그런 청년부에서 늘 동경의 대상이 되는 것이 '청년부 회장'입니다. 그 당시 회장님은, 저보다 7살이나 많은 형님이었습니다. 그 청년 회장은 교회의 어려운 일들과 힘든 일에 늘 적극적이었습니다. 교회 안에 힘들어하는 지체들을 보면, 먼저 달려가 심방을 해주었습니다. 선교도 마찬가지입니다. 항상 앞장서서 선교팀을 이끌었습니다. 누가 봐도 멋지고 빛나는 존재였습니다. 그래서 정말 많은 청년들의 동경의 대상이 되었죠. 그런데 해가 바뀌고 새로운 소그룹이 구성되면서, 그 청년 회장과 제가 한 조가 되었습니다. 당연히 그 소그룹의 조장도 청년 회장이었습니다. 당시에 저는 너무 기쁘고 설렜습니다. 또 진지한 기대감 같은 것을 갖기도 했습니다. 그래서 저는 그 청년 회장과 가까워지려고 많은 노력을 했습니다.

그런데 어느 날 저를 부르는 것입니다. "일환아, ○○로 나와라! 스트레스 좀 풀자." 그래서 약속 장소에 나갔는데, 그가 저를 데리고 술집에 가는 것입니다. 그리고 하는 말이, "일환아, 주님은 두 종류의 주님이 있어. 교회에 있는 주님과, 술집에 있는 주님이지. 그리고 이 주님은 결국 둘 다 일치하시지. 하하하." 저는 정말 충격이었습니다. 저는 그 자리에서 술을 먹지는 않았습니다. 저는 신학생이었고, 또한 동의할 수 없는 많은 것들이 있었기 때문입니다.

저는 그 시간에 내적인 고민을 했습니다. '조용히 이 자리를 떠날까? 아니면 조금 따끔하게 이야기하고, 자리를 박차고 나갈까?' 순간이었지만, 화장실을 간다고 하면서 고민을 깊게 하고 있었는데, 그다음 장면이 더 가관이었습니다. 그 짧은 시간에, 그 술자리에 교회 청년들이 더 많이 와 있었기 때문입니다. 같은 소그룹의 형들, 누나들은 물론이고, 청년부에서 찬양을 인도하는 사람들, 악기를 연주하는 사람들도 모두 그 자리에 있었습니다. 또 다른 청년 리더들까지 와 있었습니다.

저는 정말 그 장면이 충격이었습니다. 그리고 떠날 수 없어 남아 있게 되었습니다. 모두가 술을 마셨고, 흥건하게 취해서 너무나 이상한 이야기만 하고 있었습니다. 그 이상한 이야기란 다른 것이 아닙니다. 세상과 동일한 관점으로 경제 이야기를 하고 있었고, 세상과 동일한 연장선에서 문화를 해석하고 바라보는 이야기였습니다. 무엇보다 인생의 의미와 가치, 행복에 대해서 이 세상 사람들과 완전히 동일한 관점으로 그것을 바라보고, 희망하고, 열망합니다. 너무나 허무할 정도로 비슷합니다. 서로 술잔이 기울여지고, 잔과 잔이 서로 건배를 할 때마다, 마치 패배자가 된 것처럼 너무 싫었습니다. 차가운 유리잔이 부딪칠 때 나는 시린 소리가 저의 심령을 찢는 것 같아, 너무 서늘했습니다.

저는 처음 생각과 다르게 그 술자리에 끝까지 남아 있었습니다. 남아서, 그들의 모든 언어들을 제 마음의

정점

여백에 틈입시켜보았습니다. 또 취기가 얼큰하게 오른 그들의 얼굴을 천천히 들여다보았습니다. 그 얼굴에서 쏟아지는 표정과 언어와 문장과 단어의 곡면을 보면서, 어디선가 많이 본 얼굴이라는 것을 깨달았습니다. 그것은 바로 옆 테이블에서 동일하게 취기에 물들어 있는 세상 사람들의 자태입니다. 동네 구석에 만취하여 자신의 몸 하나도 가누지 못하는 사람들의 모습과 동일합니다. 저는 너무 슬퍼서 구역질이 났습니다.

　주일에 모일 때, 그들은 분명 한 교회의 청년부를 이끌어갈 정도의 역량이 되는 리더들입니다. 그 모습만 보면, 그들은 세상에서 가장 멋진 신앙을 가진 것처럼 보입니다. 그러나 거울은 곡면이고, 동전도 양면입니다. 그들의 곡면과 양면에 새겨진 신앙은 초라한 큐비즘(cubism)입니다. 그들의 신앙은, 하나님을 믿지만 세상을 갈망하는 삶이었고, 하나님께 나아가지만 세상에 더 가까워지고 싶은 삶이었으며, 진리의 가르침을 갈망하지만, 세상의 논조와 논리를 더 긍정하는 삶이었습니다. 그것이 그들의 얼굴에서 쏟아지는 교만한 얼굴입니다. 결국 그들의 영혼을 담은 얼굴은, 하나님이 주신 것들에 전적으로 순복하지 않은 얼굴입니다.

누군가 이런 이야기를 들으면, 젊은 날들의 어떤 추억이라고 생각할지도 모르겠습니다. 또 아직 신앙으로 영글지 않은 모임이라고 생각할 수도 있죠. 그리고 이런 것이 '교만'과 무슨 상관이 있느냐고 반문할 수도 있습니다. 모두 맞는 말입니다. 그런데, 이런 반문도 하고 싶습니다.

그래서
그리고
그렇기에
그러므로
결국,

교만은 그렇게 탄생하는 것입니다.

이것도 교만인가?

기독교의 신앙 세계는 참 이상한 관성이 있습니다. 그것은 자신이 무엇인가를 '알고 있다'는 것 자체로 어떤 경계를 넘어가도 된다는 생각을 가지는 것입니다. 어느 정도 기독교 교리의 체계 안에서, 확고한 경계선에 있는 항목들이 있습니다. 그리고 그런 항목들에서 어느 정도 지식이 있기에, 자신은 그 경계선에서 자유를 누릴 수 있다고 생각하는 것이죠.

예를 들어 '술' 이야기를 해봅시다. 그대는 그리스도인이 술을 마셔도 된다고 생각하시나요? 이것을 1차적으로 '죄다' 혹은 '죄가 아니다'의 관점으로 접근할수도 있고, 2차적으로 '마셔도 된다', '마시면 안 된다'고 접근할 수도 있습니다. 그러나 제3의 차원도 있습니다. 그것은 신학적인 입장에 따라서, 신앙적 관점에 따라서, 또 교회의 방침에 따라서 더 다양한 대답이 나올 수도 있다는 것입니다. 그리고 그것을 다시, 죄다, 아니다의 부분으로 이야기할 수도 있죠.

그런데, 중요한 것은 이것입니다. 그래서, 이 술을 마셔도 될까요? 안 될까요? 요즘처럼 기독교의 수많은 콘텐츠가, SNS를 통해서 쉽게 접근할 수 있을 때는, 더욱더 다양한 관점에서, '술'에 대해 이야기할 수도 있습니다. 그래서 한 명의 성도는, 기독교의 세계관 안에 있는 '술'에 대한 지식들이 많이 쌓여갑니다. 다양한 관점들이 형성됩니다.

그런데, 중요한 것은 이것입니다. 그래서, 이 술을 마셔도 될까요? 안 될까요? 사실 이 실행의 차원은, 지식의 차원과는 다른 것입니다. 그런데 그리스도인들은, 기독교의 모호한 주제에 대해서 '어느 정도' 알고 있다고 스스로 판단하면, 실행할 수 있는 권위(?)를 가진 것처럼 행동합니다. 번역한즉, 나는 그것에 관해서 어느 정도 알고 있는 사람이라서, 술을 마셔도 된다는 것이죠. 그래서 의식이 없는 사람도 마시고, 의식이 있는 사람도 마십니다. 여기서 의식이 없는 사람은 어느 정도 이해를 받을 수도 있고, 구할 수도 있습니다. 그러나 스스로 의식이 있는 사람이라고 판단하면서도, 그런 행위를 하는 것은, 교만입니다. 그것이 교만입니다. 저는 이것을 한마디로, '지식의 교만'이라고 부르고 싶습니다.

지식의 교만

사실 '지식의 교만'은 이 정도 영역에서 끝나지 않습니다. 그리스도인의 애매하고 모호한 영역에서 더, 그 악랄한 얼굴을 드러냅니다. 예를 들면, 담배, 십일

조, 주일성수, 젠더 이슈, 정치 참여 등등의 다양한 영역에서 표현됩니다. 지식에 교만이 쌓인 사람은, 어떤 영역에 대해서 정확하게 알고 있지도 않으면서, 조금이라도 알고 있으면, 그것의 권위자인 것처럼 말을 합니다. 그리고 그것을 넘어서, 모든 이들 앞에서 담대하게 행동합니다. 마치 선악과 앞에서 망설였던 아담과 그 앞에서 담대했던 하와와 같습니다. 즉, 신앙의 세계를 아는 지식으로, 하나님이 세운 경계를 허무는 시도들을 하는 것입니다.

물론, 기독교 신앙의 세계에 있어서 '지식'과 '경계' 그리고 '자유'는 상당히 중요한 요소들입니다. 굴절된 시선으로 보면, 무엇인가 지식적으로 알고 있는 사람의 언어와 행동의 자유는, 진정 기독교의 요구가 무엇인지를 아는 것 같습니다. 또 굴곡된 시선으로 보면, 그런 언어와 행동이야말로, 하나님을 믿는 사람이 가지는 자유라고 생각하기 쉽습니다. 그러나 선악과를 먹었던 아담과 하와는, 결국 쫓겨났을 뿐입니다. 더 나아가 그런 지식의 교만에 있었던, 무수한 사람들은 모두, 결국 더 깊은 신앙의 세계로 초대되지 못할 뿐입니다. 번역한즉, 그들의 신앙은 수많은 세월이 지나도 단한 치도 성장하지 못하고, 제자리일 뿐입니다.

경계를 지키는 신앙

그대는 그대가 소유하고 있는 '신앙'이란 결국 무엇이라고 생각하시나요? 사실 다양한 정의가 가능할 것입니다. 그러나 대부분의 사람들이 생각하는 신앙생활의 표제어 중에 매우 오해하는 단어가 있습니다. 그것은 '자유'에 관한 진리입니다.

물론 이 세상 사람들도 자유에 대한 갈증과 갈망이 있습니다. 인간은 언제나 '자유'를 원했고, 자유를 위해 투쟁했습니다. 그것은 인류의 역사 속에서, 인간의 영혼이 심원하는 아젠다(agenda)입니다. 그래서 인류는 지금까지 많은 것들을 이루어냈습니다. 노예를 해방했고, 흑인과 백인이 평등해졌고, 공평과 평등의 함수 속에서 인간에게 적절한 사회적 시스템을 만들어냈습니다. 물론 여전히 논의되어야 하는 영역도 많습니다. 그런데 요즘처럼 개인화된 시대에는, '자유'의 의미가 마치 싸구려 장식같이 여겨지게 됩니다. 이런 시대에 인간이 생각하는 자유란, 고작해야 "외부적인 구속이나, 무엇에 얽매이지 아니하고 자기 마음대로 할 수 있는 상태"를 말합니다. 번역한즉, 욕망과 욕구의 발산들입니다. 더 나아가, 그것들이 마음껏 제공되는 상태라고 생각하죠. 그래서 자유를 마치 영어의 'free'가 함의하는 수많은 뜻과 형태로만 생각하는 것 같습니다. 심지어 그들은 자유는 공짜(무료)까지 되어야, 적절한 가치가 있다고 생각하죠.

신앙이 있는 그대는 '자유'가 무엇이라고 생각합니까? 더 나아가 그리스도인의 신앙의 표제어로서 추구하는 자유는 무엇이라고 생각하시나요? 혹시 그대가 신앙 안에서 추구하는 자유가, 이 세상 사람들이 큰 소리로 포효하는 자유는 아닌지요? 예수님은 그리스도인의 자유에 대해서 이렇게 말씀하셨습니다.

그러므로 예수께서 자기를 믿은 유대인들에게 이르시되
너희가 내 말에 거하면 참으로 내 제자가 되고
진리를 알지니 진리가 너희를 자유롭게 하리라
요한복음 8장 31-32절

예수 그리스도가 가르치신 자유에는 몇 가지 정확

한 전제가 있습니다. 첫 번째, '내 말에 거하고', 두 번째, '제자가 되고', 그 후에 세 번째, '진리를 알게 되는데', 네 번째, '그 진리가 너희를 자유롭게 하리라'입니다. 이것을 조금 섬세하게 이야기해보면, 진리 안에 행보(行步)할 수 없는 자유는, 그리스도 예수가 추구했던 자유로운 보행(步行)이 아니라는 것입니다. 즉, '진리와 자유'는 서로를 서로에게 이끌어주는 가장 좋은 에너지인 것입니다.

그러나 어떤 지점에서는, '진리 안에서 행보할 수 있는 자유'라는 말 자체가, 매우 심각한 모순 같기도 하고, 매우 순박한 역설 같기도 합니다. 그 이유는 '자유'라는 문법이, '… 안에'나 '…으로 인해'라는 문법과 어울리지 않기 때문입니다. 말 그대로 자유는, 지극히 개인적인 욕망이든, 공적인 사회 시스템이든, 어떤 구속력이나 지속력 없이 행해지는 속력의 향연의 형태이어야 적절하다고 생각하기 때문입니다. 그것이 보통의 사람들이 이해하는 자유일 것입니다.

물론 그대도, '자유'를 이렇게 생각할 수 있죠. 그런데 무엇인가를 깊게 설명하기 전에 이런 말도 해봅니다. 과연 그대가 이해하지 못한다고, 부정할 수 있는 대답이, 하나님 안에서 매우 선명한 진리라면 어떨까요? 쉽게 말해서, 이 세상에는 이해를 바탕으로 대답될 수 없는 정답들이 많습니다. 오(O)와 엑스(X) 같이 정확하게 이분법적으로 답할 수 없는 대답들이 많이 있습니다. 즉, 지금까지 그대가 이해할 수 있는 정확한 지평의 오엑스(OX) 같은, 선명한 대답들이, 신앙의 세계에서 매번 정답은 아니라는 소리입니다. 오히려 그대가 이해하지 못해도, 기독교 신앙에는, 세모(△) 같은 대답도 있고, 네모(ㅁ) 같은 대답도 있습니다. 비록 내가 이해가 되지 않지만, 이해가 되지 않는다고 부정할 수 없는 대답들이 있습니다. 그중에 하나가 '진리'입니다. 더 나아가 진리가 추구하는 '자유'입니다. 그리고 그것들이 인간을 구원하는 구속력들입니다.

　　참으로 신기하게, 인간에게 주어진 구원은, 구속력을 가지고 인간을 구속하지만, 결국은 그것이 인간에게 '자유'라는 공간과 시간을 환원해줍니다. 그래서 구원받은 그리스도인은, 그리스도 '안에서', 그리스도로 '인하여', 모든 시간과 공간에서, '자유함'을 느끼게 되는 것이죠. 그것이 그대와 내가 지금까지 겪었던 진리의 아름다움입니다.

그렇기에 예수가 말하는 자유는, 진리라는 공간과 시간과 속도 속에서 형용될 수 있는 덩어리입니다. 그리스도인이 추구해야 하는 자유는 반드시 진리를 알아야만 발견할 수 있는, 새로운 세계입니다. 그렇다면 가장 먼저 추구해야 하는 것은, 진리를 향한 탐구입니다. 그렇기에 그리스도인들에게, 한 번의 예배가 얼마나 중요한지 모르겠습니다. 또 한 편의 설교에서 나오는 진리의 지식들은, 어쩌면 황금보다 더한 가치가 있는지 모르겠습니다. 물론 설교자들에게는 이 부담이 100배 더해야 합니다. 그 이유는, 기독교 세계에서의 '설교'는 그저 그렇고, 그저 그러한, 어디서나 들을 수 있는, 이솝우화는 아니기 때문입니다. 더 나아가, 그리스도인들은 부지런히 신앙 서적을 읽어야 합니다. 많은 믿음의 선배들은 거룩한 신앙 서적을 읽는 행위를 경건의 도구로 여겼습니다. 그러니 가볍게 여겨서는 안 될 문제입니다. 진리 안에서 자신의 지성을 깨워줄, 경건 서적을 향한 열심들이 늘 있어야 합니다.

정점

교만의 정점은, 교만이 최고점에 도달한 상태를 말합니다. 그 상태는 관계하고 있는 모든 것을 불편하게, 불쾌하고 불안하게 합니다. 심지어 교회 안에서도 마찬가지입니다. 교만의 정점에 있는 사람들로 인해서, 아름다운 주님의 교회의 미학을, 모두 잃어버리게 될 때도 있습니다. 그대는 그런 사람들을 자주 봤을 것입니다.

저는 그런 사람들을 대할 때마다 이런 생각을 해봅니다. '나에게 사람을 뽑아내는 핀셋이 있다면, 교회 안에서 저 교만의 정점에 있는 사람들을 다 뽑아내 버리고 싶다. 저 사람들이 없으면, 교회는 얼마나 행복해질까?' 그러나 결론적으로 말하면(이 챕터의 마지막에 구체적으로 말하겠지만), 그런 생각들이야말로 가장 교만한 생각일 것입니다. 그 이유는, 하나님은 지금의 나도 기다리셨기 때문입니다.

지금은 다른 각도에서, '교만의 정점'에 대해 이야기해보고 싶습니다. 그것은 '상태'에 관한 질문입니다. 교만의 정점에 있는 상태라는 것을 어떻게 알 수 있을까요? 교만한 사람은 외모가 다른 걸까요? 말투가 다른 걸까요? 아니면 옷 입는 것이 다른 걸까요? 물론 이런 부분으로(?) 판단해볼 수도 있습니다. 그리고 자신의 판단력이 얼추 맞는다고 우길 수도 있겠죠. 그래서 나의 판단력으로 사람의 등급을 나누고, 효율적인 인간관계를 맺을 수도 있겠습니다. 그런데, 이게 지혜로운 방법일까요? 저는 오히려 억지라고 말하고 싶습니다. 물론 그대가 스스로 그런 방법론을 지혜라고 우기면, 지혜라고 여겨지는 것이죠. 그러나 제가 억지라고 말하는 이유는, 단순합니다. 그대는 사람을 정확하게 볼 수 없기 때문입니다. 이 지점을 인정하는 것이, '교만의 정점'에서 매우 중요한 가르마가 될 것입니다.

대부분, 사람들이 스스로 판단하듯, 어떤 한 사람의 외형적인 요소들이나, 말의 느낌이나, 또 나에게 느껴지는 불편함들이 정확하다면, 그대는 그 사람을 쉽게 교만한 사람이라고 단정할 것입니다. 그리고 그 강도와 온도에 따라서, 교만의 정점에 있는 사람이라고 확실하게 생각할 수도 있습니다. 그러나 이런 부분으로만 판단하면, 대부분 오판일 것이고, 오해일 것이고, 오류일 것입니다. 왜냐하면 반대 입장에서 그대 자신을 해석해보면 됩니다. 만약 누군가가 그대의 외모와

말투, 옷 입는 것으로 그대의 '상태'를 판단해버린다고 생각해봅시다. 그리고 그것이 그대의 '전부'라고 단정한다고 생각해봅시다. 그대에게 질문해봅니다. 타인이 보는 그대가, 과연 그리 정확할까요? 아니요. 대부분 겹겹이 쌓인 오해일 것입니다. 어떤 판단에는 상당히 불쾌해하겠죠. 그렇기에 인정해야 합니다. 남이 나를 판단하는 것이 온전하지 않듯이, 나도 남을 판단할 때, 온전할 수 없습니다. 그러니 잘 생각해봅니다. 타인을 향한 그대의 판단력은 그리 좋지 않습니다. 그렇기에 이 부분은, 정말 하나님의 영역인지도 모르겠습니다.

그렇다면 다시 원점으로 돌아와서 이야기를 해봅시다. 한 사람의 교만의 정점은 어떻게 알 수 있을까요? 확실한 지점이 있습니다. 그것은 방금도 말했지만, 타인에 관해서 그대는 그것을 결코 알 수가 없습니다. 즉, 타인에 관한 교만의 정점은, 그대가 결코 알 수 없습니다. 이 지점은 매주 정확한 계시입니다. 그대가 알 수 있는 것은 그대 자신뿐입니다.

교만의 정점에 있는 사람은 누구인가?

그대가 알 수 있는 것은, 그대 자신에 관한 것뿐입니다. 적어도 그대는 자신의 내면에 뭉쳐 있거나, 흐트러져 있는 것들이 어떤 것인지 알 수 있습니다. 나의 내면 깊은 곳에 맺혀 있거나, 불타고 있거나, 수증기처럼 증발되어버리는 것도 알고 있습니다. 심해보다 더 깊고 은밀한 내면 그곳에서, 가장 두려워하는 것과 음란하게 원하는 것과 탐욕 가운데 원하는 것도 알고 있습니다. 다시 한번 강조하지만, 그대가 알 수 있는 것은 그대 자신에 관한 것뿐입니다. 그렇기에 만약, 교만의 정점에 있는 그 '한 사람'이 나라면, 이것은 상당히 이야기가 달라집니다. 그대는 비교적 정확하게 자신의 교만에 대해서 알 수 있습니다. 마지막은, 나에 관해서 이야기를 해야 합니다.

그렇다면, 내가 가진 교만의 정점은 어떤 것일까요? 나의 교만의 정점은 어떤 상태일까요? 많은 사유의 과정을 과감하게 생략하고 결론적으로 이야기하면, 그것은 나 '자신'이, '자기의 신'이 되는 모든 과정과 상태를 말합니다. 물론, 그대는 이 말에 이런 반문을 할 수도 있습니다.

'과연 그것이 말이 될까?'

'과연 그것이 가능하기나 할까?'

물론, 이것을 과학의 언어로 설명하는 것은 쉬운 일이 아닙니다. 그러나 성경의 언어는, 문학적 스토리로 이것을 다양하게 이야기합니다. 그 대표적인 이야기가, 아담과 하와의 이야기이고, 요나의 이야기이고, 사울의 이야기이고, 욥의 이야기입니다. 사실 섬세하게 보면, 더욱더 많은 이야기들이 있죠. 여기서 중요한 것은, 성경은 이 모든 것을, '문학적 스토리'로 구사했다는 점입니다. 그 이유는 다른 것이 아니라, 인간은 한 번에 교만해질 수 없고, 인간이 서서히 변곡(變曲)되고, 변질(變質)되고, 변심(變心)하고, 변절(變節)되는 과정을 그린 것입니다. 번역한즉, 자기 자신을 신으로 숭배하는 지점은, 충분한 과정을 거쳐서 탄생되는 우상이라는 점을 그리는 것입니다. 그러나 그것은 인간의 실존으로 탄생될 때 악의적이거나 악마적이지 않습니다. 오히려 지금까지 살펴본 것처럼 대단히 합리적이고, 정당하며, 동시에 모순적이고, 역설적인 모든 논거를 제시합니다. 그렇기에 어떤 의미에서, 자기가 이해할 수 있는 논리가 신이 되는 과정이, 결국 교만의 정점으로 가는 과정인지 모르겠습니다. 어쩌면 성경이 그토록 경계하는 우상은, 지독한 자기 사랑으로부터 만들어지는 전유물인지 모르겠습니다.

왜냐하면, 그 모든 교만한 논리들은, 자기 자신을 향한, 지독한 사랑의 스토리들이기 때문입니다. 번역한즉, 교만한 사람치고, 자기 자신을 지독하게 사랑하지 않는 사람이 없습니다. 자기 자신을 지독하게 사랑한다는 의미는, 하나님이 주시는 경계의 범위를 넘어갈 때 우상을 만드는 장인이, 곧 내가 되는 것입니다. 그대에게, 그 대표적인 사람으로 가룟 유다와 베드로를 소개해주고 싶습니다.

가룟 유다

그대가 알고 있는 가룟 유다는, 마귀의 친척 같은 모습일 것입니다. 그의 표정, 웃음, 눈빛, 심지어 그가 품어내는 온도와 습도까지, 모두 마귀를 닮은 인간을 형상화할 것이라고 생각할지도 모르겠습니다. 또 예수님을 팔아먹은 사기꾼에 도둑놈(?)같이 보일 수 있겠습니다. 음흉한 태도와 교활한 말투 그리고 거만한 행동거지가, 늘 모든 이들에게 가시 같았을 것이라고 생각할 수도 있습니다. 그대가 그렇게 생각하는 이유는 단순합니다. 가룟 유다가 예수님을 은 삼십에 팔아먹었기 때문입니다. 충분히 그렇게 생각할 수 있는 여지가 있습니다.

그러나 그것이 오해라면 어떨까요? 가룟 유다를 향한 그런 생각들은, 아마도 오해일 것입니다. 그 이유는, 그가 열두 제자들의 공동체에서 섬겼던 역할을 보면 알 수 있습니다.

이 말씀을 무슨 뜻으로 하셨는지
그 앉은 자 중에 아는 자가 없고
어떤 이들은 유다가 돈궤를 맡았으므로
명절에 우리가 쓸 물건을 사라 하시는지
혹은 가난한 자들에게 무엇을 주라 하시는 줄로 생각하더라

요한복음 13장 28-29절

가룟 유다는 열두 제자들의 공동체에서 재정을 담당하는 사람이었습니다. 그것은 상당히 많은 것들을

의미합니다. 오늘날에도 그렇고, 당시에도 그렇고, 여러 가지 의미에서 '신뢰'가 가지 않는 사람에게 조직의 재정을 맡기지는 않습니다. 또 단순히 신뢰만 간다고 재정을 맡길 수도 없습니다. 돈을 정리하는 탁월한 실력도 있어야 하고, 앞으로 그 돈을 어떻게 사용하는 것이 효율적인지 판단도 할 수 있어야 하며, 동시에 앞으로 그 돈을 사용할 계획도 어느 정도 할 수 있는 사람이어야 합니다. 어떤 공동체에서나 재정은 상당히 중요한 요소입니다. 그렇기에, 그것을 다루는 사람은 가장 중요한 위치를 가지게 됩니다. 그렇다면, 어쩌면 가룻 유다는 열두 제자들 중에서 가장 믿음직하고, 신뢰할 만하고, 실력 있는 사람이었는지 모르겠습니다. 그래서 예수님은 그에게, 가장 중요한 직책을 맡긴 것입니다. 즉, 그 정도로 가룻 유다는, 열두 제자들 사이에서 두각을 나타내는 사람이었습니다.

그런데, 중요한 질문을 해봅니다. 열두 제자의 공동체에서 공적으로 탁월하게 인정받은 가룻 유다가 도대체 왜 예수를 배신한 걸까요? 베드로로 인한 열등감 때문일까요? 아니면, 예수를 팔아넘기면, 일확천금을 받아 누릴 수 있다고, 로마에서 현상금이라도 걸었을까요? 혹 누군가는 가룟 유다의 배신을 이런 단순한 관점에서 설명할 수도 있겠습니다. 그러나 그것이 오해라면 어떨까요? 가룟 유다를 향한 그런 생각들은, 아마도 오해일 것입니다.

물론 인간은 한순간에 모든 것을 걸 만큼 무모하기도 하고, 모든 순간에 한 가지만 생각할 만큼 소심하기도 합니다. 그러나 가룟 유다의 배신은, 그리 감정적이지도, 그리 우발적이지도 않았을 것입니다. 아마도 정확한 계획을 가지고 실행한, 자기 확신이었을 것입니다. 그렇기에, 이것은 엄청나게 나쁘고 악한 모양의 배신이자 배교입니다. 번역한즉, 가장 악마 같은 모습인 것입니다.

죽음의 예고

천천히 살펴봅시다. 가룟 유다가 예수를 팔아넘기는 시간을 보면, 최후의 만찬 직전입니다. 예수의 열두 제자 공동체는 이 시간을, 여느 때와 같은 식사 시간이라고 생각할 수도 있고, 눈치가 빠른 소수의 제자들은 그렇지 않다고 생각할 수도 있습니다. 그 이유는 예수님은 최후의 만찬 직전에 자신의 죽음을 세 번이나 예고했기 때문입니다.

첫 번째, 죽음의 예고입니다.

이 때로부터 예수 그리스도께서

자기가 예루살렘에 올라가

장로들과 대제사장들과 서기관들에게

많은 고난을 받고 죽임을 당하고

제삼일에 살아나야 할 것을

제자들에게 비로소 나타내시니

베드로가 예수를 붙들고 항변하여 이르되

주여 그리 마옵소서

이 일이 결코 주께 미치지 아니하리이다

마태복음 16장 21-22절

두 번째, 죽음의 예고입니다.

갈릴리에 모일 때에 예수께서 제자들에게 이르시되

인자가 장차 사람들의 손에 넘겨져

죽임을 당하고 제삼일에 살아나리라 하시니

제자들이 매우 근심하더라

세 번째, 죽음의 예고입니다.

예수께서 예루살렘으로 올라가려 하실 때에

열두 제자를 따로 데리시고 길에서 이르시되

보라 우리가 예루살렘으로 올라가노니

인자가 대제사장들과 서기관들에게 넘겨지매

그들이 죽이기로 결의하고 이방인들에게 넘겨 주어

그를 조롱하며 채찍질하며

십자가에 못 박게 할 것이나

제삼일에 살아나리라

마태복음 20장 17-19절

　　예수님 역시 마찬가지입니다. 예수님은 어느 날 갑자기 우발적으로, 십자가에 죽으신 것이 아닙니다. 예수님은 제자들에게 자신의 마지막에 대해서, 천천히 자주, 그리고 다양한 의미를 함의해서 이야기하셨습니다. 그런데, 이 지점에서 아주 깊게 생각할 부분이 있

교만　　　　　　　　　　　　　　　　　　　　　　　140

습니다. 그것은, 과연 제자들이 예수의 이 '죽음의 예
고'를 진심으로 믿었을까 하는 지점입니다. 그대가 열
두 제자라면, 그대의 구세주인 예수님이, 자신의 죽음
을 세 번이나 예고할 때, 받아들일 수 있습니까? 그것
을 인정할 수 있습니까?

　첫 번째, 예수님이 자신의 죽음을 예고했을 때, 베
드로는 '항변'합니다.

베드로가 예수를 붙들고 항변하여 이르되

주여 그리 마옵소서

이 일이 결코 주께 미치지 아니하리이다

마태복음 16장 22절

　그는 왜 그렇게 할까요? 항변이란 무엇일까요?
이 본문을 헬라어로 보면, 한글성경과는 완전히 다
른 의미입니다. 본문의 '항변'은 헬라어로 '에피티마
오'(ἐπιτιμάω)입니다. 이 단어는, "경책하다", "책망하
다", "꾸짖다"입니다. 즉, 베드로는 지금 겁을 상실한
(?) 채 가장 버르장머리 없는 모습으로, 예수님을 경책
하고, 책망하고, 꾸짖는 것입니다. 그 이유는, 결론적으

　　　　　　　　　　　　　　정점

로 이야기하면, 베드로는 결코 이 상황을 받아들일 수 없다는 것입니다. 왜냐하면, 자신은 이스라엘의 떠오르는 스타, 예수 옆에 항상 있어야 하기 때문입니다. 그것이 베드로의 꿈이자 장래 희망이자 비전이기 때문입니다. 그에게는 예수의 십자가가 중요한 것이 아닙니다. 그래서, 베드로는 감히 예수님에게 항변하고 있는 것(혼내고 꾸짖고 가르친 것)입니다. 그런데, 이것이 현상학적으로 참 오묘합니다. 예수님이 베드로에게 하나님이 보여주신 길을 제시할 때, 베드로는 이것을 받아들이지 않습니다. 그리고 오히려 더 교만해집니다. 그 이유는 예수님이 십자가에 죽으면, 베드로의 꿈이자 희망이자 비전이 다 무너지기 때문입니다. 이 구체적인 내용에 대해서는, 책의 마지막에 설명하도록 하겠습니다.

두 번째, 예수님이 자신의 죽음을 예고할 때, 제자들은 '근심'합니다.

죽임을 당하고 제삼일에 살아나리라 하시니
제자들이 매우 근심하더라
마태복음 17장 23절

이 부분을 한글성경으로 보면, "매우 근심했다"입니다. 그러나 헬라어성경으로 보면, 그 뜻이 매우 달라집니다. '스포드라 뤼페오'(σφόδρα λυπέω)입니다. 여기서 '스포드라'는 "매우"라는 뜻도 되겠지만, 더 원어적인 의미에서는 "난폭하게"입니다. '뤼페오'(λυπέω)라는 단어도 재미있습니다. 능동태일 때는, "슬퍼하다", "마음이 상하다", "괴롭다", "고민하다"이지만, 이 단어가 수동태일 때는 "매우 슬퍼하게 하다", "비탄하게 하다", "마음을 아프게 하다", "고통을 주다"입니다. 그렇기에 이 부분을 좀 더 깊게 의역하면, "난폭하게 비탄하다", "난폭하게 고통을 주다"입니다. 즉, 예수님의 제자들은, 그들의 메시아인 예수가 십자가의 죽음을 예고할 때, 예수에게 난폭하게 비탄하고, 예수를 아프게 한 것입니다. 제자들은 일부러 예수님이 마음 아프도록, 난폭하게 합니다.

그렇다면, 제자들은 왜 이렇게 했을까요? 그것은 예수님이 자신의 죽음을 예고하셨을 때를 생각해야 합니다. 예수님은 사역의 정점에 있을 때, 자신의 죽음을 예고하셨습니다. 당신의 사역의 전성기였습니다. 그때는 정말 많은 사람들에게 환호를 받고, 호응을 얻고,

받수를 받고, 정치적 메시아로 인정을 받기 직전입니다. 그때 다른 제자들은, 환각에 취했는지도 모릅니다. 아마 이스라엘의 영웅 예수 옆에 있는, 자신들의 영광스러운 자리를 생각했을 것입니다. 매우 폼나는 역할을 생각했을 것입니다. 어쩌면, 그런 환각이 망각이 되어, 마치 예수가 그들의 부와 명예와 사회적 지휘 때문에, 이 땅에 오신 것이라고 생각하게 했는지도 모르겠습니다. 제자들의 관점에서 예수님의 죽음은 절대로 받아들일 수 없기 때문입니다.

중요한 것은, 제자들의 그 환각과 망각의 정점에서, 예수님은 찬물을 끼얹듯이 자신의 죽음을 예고하셨다는 것입니다. 그렇기에 베드로는 받아들일 수 없어서 항변하고, 제자들은 난폭하게 비탄하고, 고민하고, 아픔을 준 것입니다.

세 번째, 예수님이 자신의 죽음을 예고할 때, 제자들은 '욕망'합니다.

예수께서 예루살렘으로 올라가려 하실 때에
열두 제자를 따로 데리시고 길에서 이르시되
보라 우리가 예루살렘으로 올라가노니

인자가 대제사장들과 서기관들에게 넘겨지매

그들이 죽이기로 결의하고

이방인들에게 넘겨 주어

그를 조롱하며 채찍질하며 십자가에 못 박게 할 것이나

제삼일에 살아나리라

그 때에 세베대의 아들의 어머니가

그 아들들을 데리고 예수께 와서 절하며 무엇을 구하니

예수께서 이르시되 무엇을 원하느냐 이르되

나의 이 두 아들을 주의 나라에서 하나는 주의 우편에,

하나는 주의 좌편에 앉게 명하소서

마태복음 20장 17-21절

예수님은 마지막으로, 자신의 사역에서 자신의 죽음에 대해 심도 있게 예고하셨습니다. 그런데, 그때 세베대의 아들의 어머니가 예수에게 와서 절을 합니다. 그리고 자신의 두 아들이, 하나는 주의 우편에, 하나는 주의 좌편에 앉을 수 있는 권력을 달라고 구합니다. 이것은 정말 매우 적나라하고 무모한 욕망입니다. (우리가 이런 것을 구하면서, 그것을 신앙으로 생각하는 것은 아닌지, 고민해봐야 합니다.) 예수님은 지금 세 번이나 강

조해서, 자신의 죽음을 확정하는데, 제자들은 이에 공감하지 못합니다. 자신의 부모까지 동원해서 예수에게 간청합니다. 정말 가관이고, 꼴값이고, 꼴불견이고 꼴사납습니다.

제자들이 마지막 순간까지 예수의 죽음에 대해서, 한 조각의 공감도 해주지 않는 이유는 단순합니다. 그것은 제자들의 욕망에 비추어볼 때, 예수님의 죽음을 받아들일 수 없기 때문입니다. 예수님이 십자가에서 죽으면, 자신의 꿈과 희망과 비전과 장래 희망이 모두 물거품이 되기 때문입니다.

그렇기에 이것이 현상학적으로 참 오묘합니다. 예수님이 제자들에게 하나님이 보여주신 길을 제시할 때, 그들은 그것을 받아들이지 않습니다. 그리고 오히려 더 완고하게 교만해집니다. 물론 그때와 지금의 시간 차이는 2천 년이 넘습니다. 그렇기에 그대는 이런 제자들의 꼴불견 같은 모습을 보고, 다양한 관점에서, 요목조목 비판할 수도 있습니다. 그러나 그대라면 정말 다를 수 있을 것이라고 확신할 수 있을까요? 만약, 그대도 그 시간, 그 공간, 그 열기에 있었다면, 제자들과 같은 모습일 수도 있습니다.

왜냐하면, 그대가 이해하는 신앙의 문법도, 본문의 제자들이 이해한 신앙의 문법과 별반 다르지 않을 수도 있기 때문입니다. 결국 그대도, 십자가를 지기보다는, 영광스러워지고 싶어 하고, 예수를 위해서 자신의 소중한 것을 내려놓기보다는, 그대의 소중한 것들을 위해서 예수가 필요한지 모르기 때문입니다. 그대의 신앙은, 주님이 지신 십자가를 지기 위해 준비되어 있는 것이 아니라, 그대의 신앙은, 그대의 영광을 위해서만 준비되어 있는지도 모르겠습니다. 결국, 그렇다면 그대도 별반 다르지 않겠죠. 신앙이라는 이름으로, 가관이고, 꼴값이고, 꼴불견이고, 꼴사나운 모습들 말입니다.

다시, 가룟 유다에 대해서

다시 가룟 유다에 대해서 이야기해봅시다. 성경에서 가룟 유다에 대해서 이야기할 때, 항상 두 가지 설명이 함께 나옵니다.

제자 중 하나로서 예수를 잡아 줄 가룟 유다가 말하되

이렇게 말함은 가난한 자들을 생각함이 아니요

그는 도둑이라 돈궤를 맡고 거기 넣는 것을 훔쳐 감이러라

요한복음 12장 4,6절

첫 번째는 그가 돈을 맡은 사람이라는 것입니다. 이것이 의미하는 것에 대해서는 이미 충분히 이야기했습니다. 그런데, 두 번째 설명도 있습니다. 그것은 그가 '도둑'이라는 것입니다. 이것이 참 재미있는 정의입니다. 보통은, 성경에서 한 사람을 설명할 때, 그의 과거와 현재를 동시에 설명합니다. 예를 들면 '세리였으나 지금은 제자', '어부였으나 지금은 제자', '열심당원이었으나 지금은 제자', '창녀였으나 지금은 제자' 등등입니다. 그런데 유다는 유일하게, '돈을 맡은 사람이었으나 지금은 도둑'입니다. 그런데 그는 어쩌다가 도둑이 되었을까요? 아니, 왜 도둑질을 버리지 못했을까요?

사실 이 부분은 시사하는 것이 큽니다. 그대가 진지하게 생각해야 할 사유의 언덕은, 그는 예수님의 제자 공동체에 있었음에도 불구하고, 도둑이 되었다는 점입니다. 아니, 예수의 열두 제자 공동체에서 가장 신뢰가 가는 사람이었으나 결국 도둑이 되었다는 지점입

니다. 그러니, 이 책을 읽는 그대도 주의해야 합니다. 그대가 어디 교회, 어느 부서에 안전하게 소속되어 있는지는 모르겠지만, 그대도 도둑이 될 만큼, 타락에 있어서 열려 있기 때문입니다. 그런데 중요한 것은 이것입니다. 그렇다면, 그 도둑의 목표는 무엇이었을까요? 결국 가룟 유다의 목적지는 무엇이었을까요?

요한복음을 보게 되면, 그가 예수의 제자 공동체에서 돈을 훔쳤다는 것을 알 수 있습니다. 또 성경에 구체적으로 표현되지 않았지만, 그는 다양한 방식으로 돈을 훔쳤을 것입니다. 분명 지능범이었을 것이고, 티나지 않게, 교묘하고 교활한 방식을 취했을 것입니다. 그래서 그는, 다른 제자들에 비해 어느 정도의 부를 누렸을 수도 있겠습니다. 그러나 그것이 도둑의 목표였을까요? 물론 도둑질은 거기서부터 시작되었겠지만, 아마 더 원대하고 더 적나라한 욕망을 목표로 꿈꾸었는지도 모릅니다.

잘 생각해봅시다. '교만'이라는 죄악이 탄생하는 시선에서, 이 본문을 해석해봅시다. 예수가 자기 죽음을 세 번 암시할 때, 제자들은 세 번이나 굉장한 자기 욕망을 꿈꿉니다. 첫 번째, 베드로가 예수의 오른팔을 꿈꿉니다. 두 번째, 그의 제자들은 모두 예수가 주는, 어떤 유명 공직을 꿈꿉니다. 세 번째, 요한과 그의 부모는 다른 제자들과 비교도 되지 않는 더 야릇하고, 음흉하고, 괴상하고, 망측한 어떤 지점을 목표로 꿈꿉니다.

그런데, 그 정점에 가룟 유다가 있습니다. 그는 진정, 훔칠 수 없는 도둑질을 꿈꾸었는지도 모릅니다. 그것은 바로 그가 예수처럼 되고 싶다는 꿈입니다. 그는 예수처럼 되고 싶어 했는지 모릅니다. 예수가 가지는 영향력, 그 자리, 그 환호, 그 신비, 그 영웅성을 꿈꾸었는지 모릅니다. 언뜻 보기에는 아름다운 비전일 수 있으나 섬세하게 보면, 그건 망조가 주는 환각입니다. 아니 환각을 넘어선, 망조입니다. 그러나 그것은 특별한 것이 아닙니다. 아담과 하와도 그 꿈이었고, 사울도 그 꿈이었고, 르호보암과 여로보암도 그 꿈이었고, 빌라도와 헤롯도 그 꿈이었습니다. 번역한즉, 자신이 하나님처럼 되는 꿈입니다.

그런 도둑질을 꿈꾸는 가룟 유다가 예수님을 배신하는 표면적 장면이 최후의 만찬입니다. 그 만찬에서 이번에도 예수님은 자신의 죽음에 대해서 심도 있게 이야기합니다. 그리고 가장 똑똑한 사람 중에 하나인 가룟 유다를 봅니다. 아마 그는 가장 빠르게 눈치 챘을 것입니다. 이것이 예수님의 진심이라는 것을요. 어쩌면 예수님은, 제자들의 욕망과 비전과 바람과 희망과는 정반대의 길을 갈 것이라는 것을요. 왜냐하면, 예수님은 단 한 번도 하나님이 보여주신 길을 거절하신 적이 없기 때문입니다.

　다른 제자들은 몰라도, 유다는 이 상황에 대해서 선명하게 직시했을 것입니다. 그리고 예수가 죽는다는 것이 어떤 의미인지 충분히 알았을 것입니다. 아니, 예수가 세 번이나 예고했듯이, 거대한 예수의 존재가 유대인의 지도자들에게 넘겨지고, 로마인들의 방식대로 십자가에서 죽는다는 것이 어떤 의미인지 정확하게 알았을 것입니다. 무엇보다도, 예수가 죽고 나서 열두 제자 공동체의 운명이 어떻게 되는지도 알았을 것입니다. 다른 제자는 몰라도, 똑똑한 가룟 유다는 가장 정확하게 알았을 것입니다. 그렇기에, 그는 매우 똑똑한 사람으로서 어떤 결정들을 했어야 합니다. 그것이 어떤 결정이었을까요?

눈치 게임

가룟 유다는 그때부터 소위 말하는 '눈치 게임'을 시도했는지 모르겠습니다. 왜냐하면, 자신이 그토록 꿈꾸었던 지점이, 빠르게 다가오는 것처럼 느꼈기 때문입니다. 그렇기에 그는, 엄청난 야망을 가득 실은 만선의 배에서, 눈치 게임을 합니다. 누구보다 빠르고 정확하게 상황을 읽고, 사람을 읽어서 결단해야 합니다. 그는 생각했을 것입니다. 번역한즉, '만약 예수가 저렇게 허무하게 죽을 거라면, 오히려 자신이 예수를 죽여서, 예수보다 뛰어난 영웅이 되는 것이 나은 것 아닐까?', '바리새인도, 사두개인도, 유대 그 어떤 지도자들도 해내지 못한, 예수를 이기는 행위를 나는 할 수 있는 것 아닌가?'

그렇게 그의 도둑질에 관한 계획은 진화합니다. 결국 가룟 유다는 정치적 도둑질을 생각했을 수도 있습니다. 예수를 자기 손으로 죽이기보다는, 유대인이나 로마 군인들이 와서, 이 일을 행하면 적절하다고 생각했을 것입니다. 또 지금은 유대인과 로마인이 원수처럼 지내는데, 이번에 연합으로 예수를 잡아 일종의 '정치적 일치'를 꿈꾸고 도모했을 수도 있습니다. 그러려면 그것이 가능하기 위한 대의명분이 필수적입니다. 그래서 예수는 반드시 '국가적 범죄자'가 되어야 했습니다. 예수를 잡을 때는 반드시 죄인을 체포하는 것처럼, 로마군의 검과 몽치, 그리고 유대 지도자들과 유대 서민들의 증인이 필요한 것입니다. 그리고 이것을 주도면밀하게 주도한 사람이 가룟 유다라면, 그는 유대인에게도, 로마인에게도 인정받는, 국가적 영웅이 될 수 있다고 생각할 수도 있습니다. 왜냐하면, 본디 정치란, 상응하는 대가를 치르기도 하고, 지불하기도 하며, 보상을 받기도 하니까요.

그의 도둑질에 관한 계획은 계속해서 진화합니다. 이번에 가룟 유다는 도덕적 도둑질을 생각할 수도 있습니다. 그래서 상징적으로 많은 돈을 받고 예수를 파는 것이 아니라, 은 30개 정도로 팔아버립니다. 그것은 당시에 노예들이 거래되는 보편적인 가격이었습니다. 물론, 당시 서민에게는 이 금액 역시 매우 큰 돈입니다. 문자 그대로 노예의 평생을 살 수 있을 정도의 돈이니까요. 그러나 은 30은 유대와 로마의 정치범을 잡는 현상금으로는 상당히 적은 금액입니다.

그럼에도 불구하고, 가룟 유다가 이 금액에 예수

를 팔아넘긴 것은 다양한 계산이 있었을 것입니다. 첫째, 그가 돈에 욕심 없이, 순수하게 유대와 로마의 정치범을 구속하는 행위로 보이게 하는 의도된 장치입니다. 그는 예수를 이 금액에 팔아버림으로써 민중들에게 다양한 지점을 호소할 수 있게 됩니다. 둘째, 결국 그가 예수를 제거하면, 반역자가 되는 것이 아니라, 욕심이 없는 도덕적 인물이 유대와 로마와 대화하는, 유대인의 영웅상을 가지게 됩니다. 왜냐면, 그가 받은 것은 고작 은 30개이기 때문입니다. 세 번째, 결국 그런 정치적 영웅은 돈에 욕심이 없이, 순수하게 민중들을 위해서, 유대와 로마의 일치를 위해서 노력하는 이상적 지도자가 되는 것입니다. 그래서 그는 그의 내면에서 올라오는 욕망을 위해서, 돈도 포기하는 모습을 보였을지 모릅니다.

　가룟 유다는 다분히 의도적이었을 것입니다. 그는 유대인들의 민족성을 잘 알고 있었습니다. 그들은 언제나 메시아를 기다리듯, 영웅을 기다렸습니다. 유대인들은 언제 어디서나 다윗을 이야기하고, 다니엘의 이야기를 하기 때문입니다. 그 영웅들의 한결같은 공통점은 위대한 '서사시'가 있다는 점이죠. 어쩌면 가룟 유다의 계산에 은 30개는, 이런 서사시를 만드는 곡조였을지 모르겠습니다. 결국 민중들은 이 서사시에 물들어서 예수를 버리고, 자기가 따를 수 있는 도덕적 사유가 될 수 있다고 생각했을 수도 있습니다. 왜냐하면, 본디 도덕이란, 상응하는 모든 권리를 스스로 포기해야 인정이 되는 역설을 가지고 있기 때문입니다. 가룟 유다의 구체적인 눈치 게임을 봅시다.

말씀하실 때에 열둘 중의 하나인 유다가 왔는데

대제사장들과 백성의 장로들에게서 파송된 큰 무리가

칼과 몽치를 가지고 그와 함께 하였더라

예수를 파는 자가 그들에게 군호를 짜 이르되

내가 입맞추는 자가 그이니

그를 잡으라 한지라

곧 예수께 나아와

랍비여 안녕하시옵니까 하고 입을 맞추니

마태복음 26장 47-49절

그는 이런 눈치 게임으로 '군호'를 짭니다. 군호가 뭘까요? 그것은 군인들이 군사 행동을 하는 시점을

정점

알 수 있는 특별한 신호입니다. 그런데 가룟 유다는 그 '군호'를 '입맞춤'으로 짭니다. 저는 개인적으로 이 본문을 묵상할 때마다 마음이 찢어집니다. 진정 너무나 아픕니다. 저 입맞춤만큼 교활하고 거짓된 입맞춤이 어디에 있을까요?

분명 저 입맞춤이, 과거에는 예수를 사랑하는 입맞춤이었을 것입니다. 예수를 존경하는 입맞춤이었을 것입니다. 그런데 지금은 예수를 속이는 입맞춤입니다. 지금은 예수를 삼키는 입맞춤입니다. 그것이 교만의 입맞춤입니다. 번역한즉, 자기 자신이 예수가 되려는 입맞춤입니다. 아니, 자기 자신이 신이 되고자 하는 욕망의 입맞춤입니다.

오늘 그대의 모습도 상고해봅시다. 그대도 예배 때마다 하나님께 입을 맞춥니다. 개인의 신앙고백으로 하나님께 입을 맞춥니다. 그런데 그런 입맞춤이 무엇을 향해 있는지 진지하게 사유합시다. 물론 그대도 하나님을 찬양하기 위해서 입 맞출 수도 있습니다. 하나님의 뜻대로 살기 위해서, 입을 맞출 수 있습니다. 무엇보다 하나님을 사랑해서 거룩한 사랑으로 입맞춤을 할 수도 있습니다. 그러나 가룟 유다도 아주 똑같았을 것입니다. 가룟 유다도 그 정도는 했을 것입니다. 그도 눈물을 흘리고, 결심을 하고, 회개도 했을 것입니다. 그러니 개인의 신앙이 모든 것의 주체가 되는 신앙의 입맞춤은, 100퍼센트 진실한 것은 아닙니다. 오히려 진지하게 자문해야 할 사유의 언덕은 이것입니다.

'나는 정말 아무것도 바라는 것 없이,

그분에게 입맞춤할 수 있는가?'

'나는 내게 남는 것이 아무것도 없어도,

그분에게 거룩한 입맞춤을 할 수 있는가?'

'나는 정말 나의 소중한 것을 깨뜨리고 허비해서,

그분의 발에 입맞춤을 할 수 있는가?'

'그리고

나는 내가 이해하는 사랑을, 그분에게 드릴 수 있는가?'

자기 부인

교만의 정점에서, 가장 반대되는 말은 '겸손'이 아닙니다. 때때로 겸손은 더 추악한 욕망을 품은 얼굴로 그대 안에서 탄생할 수 있기 때문입니다. 그대는 겸손이라는 이름으로 낮아지지만, 결국 겸손이라는 이름으로 더 높아지기를 바랍니다. 그대는 겸손이라는 이름으로 포기하지만, 결국 겸손이라는 이름으로 더 많은 것들을 가지기 바랍니다. 무엇보다 그대는 겸손이라는 이름으로 이름도 없이 빛도 없이 살기 원하지만, 결국 그대는 겸손이라는 이름으로 그 누구보다도 자신의 이름이 강렬히 빛나기를 바랍니다. 그러니, 교만의 반대어는 겸손이 아닙니다.

오히려 교만의 반대어는 '자기 부인'입니다. 그럼 자기 부인이란 무엇일까요? 문자 그대로 스스로 '내가 아무것도 아닌 사람'으로 여기는 것입니다. 그런데 이 것은 자기비하(自己卑下)가 아니고, 자기폄하(自己貶下)가 아닙니다. 예수님이 말씀하시는 자기부인(自己否認)은 오히려 위대한 신앙의 절정입니다. 왜냐하면, 여기에서 인간은 하나님이 보여주시는 완전히 다른 세계를 경험하는 경이로움에 대해서 눈뜨기 때문입니다. 그 세계의 시간과 공간은, 우리가 매일 직면하는 같은 시간과 공간 속에서, 완벽하게 다른 것들을 바라보게 합니다. 번역한즉, 하나님나라입니다. 하나님나라에 관한 엄청난 신비를 자기 부인에서 경험하는 것이죠. 앉

은뱅이가 일어나고, 소경이 눈을 뜨고, 약한 자가 강해지고, 무지한 자들이 슬기로워집니다. 인간의 눈으로는 도저히 이해되지 않지만, 자기를 내려놓고 하나님이 주시는 것들을 인정할 때, 하나님나라의 시간과 공간을 경험합니다. 그렇기에 하나님의 선지자들은, 모두 자기를 내려놓는, 위대한 입구를 경험한 사람들입니다. 아브라함도, 이삭도, 야곱도, 요셉도, 여호수아도, 모세도, 다윗도 마찬가지입니다. 베드로도 바울도 마찬가지입니다. 그들은 자기 강화를 추구한 사람들이 아닙니다. 그들은 신앙이 진보하면 진보할수록 자기 자신을 더 내려놓았던 사람들입니다. 번역한즉, 하나님 앞에서, 신앙으로 무엇인가를 더 얻어내려는 마음이 아니라, 신앙으로 자신이 가진 것들을 내려놓는 것입니다. 그리고 그 내려놓음의 절정은, 자기 자신입니다. 자기가 신이 되려는 마음입니다. 그래서 예수님은 제자도를 '자기 부인'으로 명명하십니다.

이에 예수께서 제자들에게 이르시되
누구든지 나를 따라오려거든
자기를 부인하고 자기 십자가를 지고

나를 따를 것이니라

마태복음 16장 24절

자기를 강화하기 위해서, 예수를 섬길 수 없습니다. 자기를 더욱 빛나게 하기 위해서, 예수를 따라갈 수 없습니다. 진정 하나님을 만나기 위해서는 자기를 부인해야 합니다. 자기가 신이 되려는 마음을 하얗게 잠재워야 합니다. 그것을 구체적으로 표현하면 '종'이 되려는 마음입니다. 그것은 하나님께 구속받기를 원하는 마음이고, 하나님께 종속되기를 바라는 마음입니다. 자기가 주인이 되려는 마음이 아니라, 주인 되시는 하나님만 인정하려는 마음입니다. 여기에 대해서 진지한 소원을 가진 사람들이 교만과 거리가 먼, 십자가의 사람들입니다.

교만한 사람들은 결국 십자가를 지지 못합니다. 그 이유는, 십자가가 도저히 이해가 되지 않기 때문입니다. 그러나 겸손한 사람들은 십자가를 집니다. 그 이유는 이해가 되지 않더라도 이 십자가는 하나님이 주신 것이기 때문입니다. 그렇기에 그대가 스스로 '나는 누구보다 믿음이 있어'라고 확신하는 순간, 아주 반대로 그대의 믿음을 스스로 의심해보기를 바랍니다. 만약 그대가 추구하는 믿음이, 결국 십자가를 지기 위함이 아니라 그대만 빛나기를 원함이라면, 그대는 스스로 증명하는 것입니다. 그대 자신이 가짜라고. 결코, 이 한 가지를 잊지 마십시오. 십자가를 졌던 사람은 언제나 소수였고, 십자가를 지지 않은 가짜는 언제나 대다수였습니다. 오늘 나의 준비가 누군가에게 군림하기 위한 준비인지, 아니면 누군가를 섬기기 위한 준비인지, 그대는 그대 스스로를 하염없이 의심하기를 바랍니다. 교만의 반대말은, 겸손이 아니라 자기 부인입니다.

우리에게 믿음을 더하소서

그런 관점에서, 상당히 의미 있는 비유가 있습니다. 그것은 결국 우리의 믿음이 어떤 방향과 향방으로 가야 하는지를, 정확하게 제시하는 비유입니다.

사도들이 주께 여짜오되

우리에게 믿음을 더하소서 하니

주께서 이르시되

너희에게 겨자씨 한 알만한 믿음이 있었더라면

이 뽕나무더러 뿌리가 뽑혀

바다에 심기어라 하였을 것이요

그것이 너희에게 순종하였으리라

너희 중 누구에게 밭을 갈거나

양을 치거나 하는 종이 있어

밭에서 돌아오면 그더러 곧 와

앉아서 먹으라 말할 자가 있느냐

도리어 그더러 내 먹을 것을 준비하고 띠를 띠고

내가 먹고 마시는 동안에 수종들고

너는 그 후에 먹고 마시라 하지 않겠느냐

명한 대로 하였다고 종에게 감사하겠느냐

이와 같이 너희도

명령 받은 것을 다 행한 후에 이르기를

우리는 무익한 종이라

우리가 하여야 할 일을 한 것뿐이라 할지니라

누가복음 17장 5-10절

　　예수님의 이 비유는, 우리가 진정 추구해야 하는
믿음의 두 가지 세계가 어떤 세계인지를 일러줍니다.

본문을 보게 되면, 사도들은 자신들에게 믿음을 더해 달라고 합니다. 사도들은 왜 이런 말을 했을까요? 이 본문이 함의하고 있는 누가복음 17장은, 믿음에 대해 다양한 각도에서 진지하게 접근하고 있습니다. 그렇기에 사도들은, 아주 간절한 마음으로 그들이 진짜 추구해야 할 어떤 믿음의 세계에 대해서 알려달라고 예수님께 이야기하는 것입니다. '더해달라'의 헬라어 '프로스티데이나이'(προστίθημι)는, "공급해달라", "곁들여 달라"는 의미입니다. 그래서 예수님은 매우 반갑게 두 가지 차원의 믿음에 대해서 이야기합니다.

첫 번째는, 그대가 잘 알고 있는 세계의 믿음입니다. '겨자씨 한 알'만 있으면 되는 믿음입니다. 이 믿음만 있으면, 뽕나무를 뿌리째 뽑아 바다에 심을 수 있다고 하죠. 심지어 예수님을 그것을 "너희에게 순종한다"라고 합니다. 본문의 '순종'은 헬라어로 '휘파쿠오'(ὑπακούω)입니다. 그런데 이것은 '휘포'(ὑπό)와 '아쿠오'(ἀκούω)가 합쳐진 단어로, "아래에서 듣다"라는 뜻입니다. 즉, 이 세상의 어떤 물체들이, 힘들이, 에너지들이, 너희 아래서 듣고 순종한다는 이야기죠. 예수님은 겨자씨 한 알만한 믿음의 세계가 얼마나 위대한 것

정점

을 가능하게 하는지 이야기해줍니다.

　　먼저 예수님은 제자들이 듣고 싶은 이야기를 해줍니다. 아마 제자들은 이 말을 굉장히 좋아했을 것입니다. 왜냐하면, 이것은 큰 힘을 들이지 않고도 가능하기 때문입니다. 무엇보다 겨자씨 한 알이라는 비유가 매우 소소하기에, 자신들이 큰 에너지를 들이지 않고도 가능한 어떤 세계를 탐닉하게 합니다. 제자들이 꿈꾸었던 믿음의 문법은, 진정 이것을 긍정했는지도 모릅니다. 그런데 여기서 끝이 아닙니다. 이것은 단지 한 가지 차원입니다.

　　두 번째 차원도 있습니다. 바로 '종이 되는 차원'입니다. 이 비유를 보면, 믿는 사람의 대우에 대해서 매우 처참할 정도의 이야기를 합니다.

너희 중 누구에게 밭을 갈거나

양을 치거나 하는 종이 있어

밭에서 돌아오면 그더러 곧 와

앉아서 먹으라 말할 자가 있느냐

도리어 그더러 내 먹을 것을 준비하고 띠를 띠고

내가 먹고 마시는 동안에 수종들고

너는 그 후에 먹고 마시라 하지 않겠느냐

명한 대로 하였다고 종에게 감사하겠느냐

이와 같이 너희도

명령 받은 것을 다 행한 후에 이르기를

우리는 무익한 종이라

우리가 하여야 할 일을 한 것뿐이라 할지니라

누가복음 17장 7-10절

     믿음이 깊게 더해진 사람은, 대우를 받는 것이 아니라, 철저하게 낮아진 마음으로 종이 되는 것입니다. 그런데 종이 되었다고 누가 알아주거나, 인정해주거나, 격려해주거나, 보상해주는 것이 아닙니다. 성경의 문법은, 종에게 그것은 그저 '마땅한 것을 한 것뿐'이라고 확정합니다. 더 나아가, 종에게 스스로 자신은 '무익한 종'이라는 정체성을 소유해야 한다고 이야기합니다. 이것은 첫 번째 믿음의 차원과는 완전히 다른 차원입니다. 그런데 예수님은 이런 정확한 관점에서, "종이 되라"고 합니다. 그 차원은 온 마음을 다해서, 자신이 낮아지고, 녹아지고, 없어지는 것을 긍정하는 것입니다. 본디 종에게는 그것이 아주 당연한 처사입니다.

정점

그리고 무엇보다 더, 참으로 깊게 생각해야 할 것은 다음과 같은 지점입니다. 예수님이 볼 때 이것이 '참된 믿음이 더해진' 사람의 최종적인 모습이라는 점입니다. 자신은 무익하고, 아무것도 아니라는 것을 인정하는 삶. 모든 영역에서 내가 해야 하는 일은, 특별한 대우를 받는 차원이 아니라, 종으로서 '마땅한 것을하는 차원'입니다. 그래서 묻습니다. 그대는 그대의 신앙을 이 지점에 투영할 수 있습니까? 그대는 진정 이지점을 긍정할 수 있습니까?

그러나 오해해서는 안 됩니다. 그것은 하나님이여러분을 강제로 '노동자'로 전락시키는 삶을, 믿음의정점으로 말하는 것이 아닙니다. 오히려 이 구절을 깊게 보면, 주인을 정말 사랑하는 종의 언어가 나옵니다. "우리는 해야 할 일을 한 것뿐입니다." 이것은 원망의말이나 실패자의 말이 아닙니다. 이것은 정말 주인을사랑해서, 그 앞에서 어린아이같이 낮아지고 싶은 마음입니다. 그런데 그건 진정 주님을 사랑하면 할 수 있는 마음입니다. 자기 부인의 절정에는 주인을 향한 이런 사랑이 있습니다.

교만의 정점은, 지독한 자기 사랑입니다. 그러면 그 반대는 자기 부인이라고 했습니다. 그러나 그 자기 부인은 결국, 하나님을 향한 지독한 사랑입니다. 그대는 반드시 여기까지 가야 합니다. 그리고 내가 하나님을 사랑하는지, 아닌지의 기준점은 '순종에 관한 시험'과 '순종에 대한 실험'을 통해서 증명됩니다.

그러나 그대는 순종이라는 단어를 들으면 어떤 이미지가 떠오릅니까? 권위적이고 억압적인 사회 속에서 강요되는 복종일까요? 아니면 사랑하는 부모를 위해 기꺼이 자신의 뜻을 내려놓는 자녀의 모습일까요? 순종은 단순히 타인의 명령을 무조건 따르는 것과 같지 않습니다. 신앙에서 말하는 순종은 좀 더 근본적인 의미를 지닙니다. 그것은 하나님과의 관계 속에서 자발적으로 형성되는 태도이며, 사랑에서 비롯된 행동입니다. 신앙 안에서 우리는 종종 이런 이야기를 듣습니다.

"정말 하기 싫었지만, 그래도 하나님께 순종했더니
결국 큰 복을 받았습니다."
"제 상식과 맞지 않았지만, 그래도 순종했더니

결국 기적이 일어났습니다."

그대는 이런 간증을 들을 때마다, 어떤 생각을 가지게 되는지 모르겠습니다. 그대가 종종 듣게 되는 이런 간증은, 매우 귀중한 간증입니다. 왜냐하면, 이러한 간증들은, 위대한 신앙의 유산을 찬란하게 보여주기 때문입니다. 그러나 성경에서 하나님이 인간에게 요구하는 순종은 조금 다른 차원입니다. 성경이 말하는 순종은 단순히 억지로 행하는 것, 혹은 기적을 얻기 위한 조건부 행동이 아닙니다. 성경에서 요구하는 순종은 하나님과의 관계에서 자연스럽게 흘러나오는 '사랑의 결과'입니다.

요한복음을 보면, 예수님과 제자들 사이의 대화가 다른 복음서보다 더 깊이 있게 기록되어 있습니다. 특히 십자가를 앞둔 마지막 밤, 예수님께서는 제자들에게 가장 중요한 말씀을 남기십니다. 예수님은 성만찬과 세족식을 통해 사랑의 본질을 가르치신 후, 순종에 대한 메시지를 주십니다. 거기에 예수님이 진정 무엇을 강조하는지 잘 보여줍니다.

너희가 나를 사랑하면 나의 계명을 지키리라

나의 계명을 지키는 자라야 나를 사랑하는 자니

나를 사랑하는 자는 내 아버지께 사랑을 받을 것이요

나도 그를 사랑하여 그에게 나를 나타내리라

예수께서 대답하여 이르시되

사람이 나를 사랑하면 내 말을 지키리니

내 아버지께서 그를 사랑하실 것이요

우리가 그에게 가서 거처를 그와 함께 하리라

나를 사랑하지 아니하는 자는 내 말을 지키지 아니하나니

너희가 듣는 말은 내 말이 아니요

나를 보내신 아버지의 말씀이니라

요한복음 14장 15,21,23-24절

    예수님께서는 "내 말을 지키라"고 말씀하시지만,
이는 강요된 복종이 아닙니다. 억압 속에서 마지못해
따르는 것도 아닙니다. 예수님께서 원하시는 순종은,
제자들이 당신을 사랑해서 시작하는, '자발적 움직임'
입니다. 창세기부터 요한계시록까지, 하나님께서 인간
에게 원하신 것은 단 하나였습니다. "나를 사랑하라"
입니다. 그 사랑 안에서 행하고, 사랑 안에서 머무르는

것, 그것이 하나님께서 바라시는 순종입니다. 그대가 순종이라고 생각할 때 떠오르는, 그런 권위에 굴복당해서 억지로 하는 모습은, 예수님도 원하지 않습니다. 예수님이 바라는 순종은, 진정한 사랑에 의한 의지적 행동입니다.

그렇다면 사랑이란 무엇일까요? 사실 그것은 어려운 것이 아닙니다. 그대가 '사랑'을 하면서 자연스럽게 나오는 반응들이 있습니다. 그것이 열정이든, 질투든, 내숭이든, 배려든 말입니다. 그러나 그것은 인간과 인간의 관계에서만 적용되는 것이 아니라, 하나님과 인간의 관계에서도 동일하게 적용됩니다. 하나님도 그대를 사랑하기에, 사랑에 대한 반응이 자연스럽게 나오는 것입니다. 하나님에게도 그것이 열정이든, 질투든, 배려든 말입니다. 구약에서 심심치 않게 하나님이 반복해서 강조하는 것이 있습니다. 그것은 하나님은 유일하다는 것과 그 하나님을 가장 사랑하라는 정신입니다. 그러나 이 사랑에 인간을 향한 사랑의 속성이 따로 있고, 하나님을 향한 사랑의 속성이 따로 있는 것이 아닙니다. 사랑하면 좋아하고, 존경하고, 배려하고, 따르고 싶어 하는 그런 속성은 동일한 것입니다.

구약에서 율법을 주셨을 때, 그 율법을 주신 이유도 사랑의 표현입니다. 그것은 율법의 조문과 문자 그대로의 규칙을 지켜야 한다는 부담이 아니라, 하나님을 사랑하기 때문에 자연스럽게 그분의 뜻을 따르는 것입니다. 사랑하는 사람을 배려하고 존중하는 것처럼, 하나님을 사랑하면 그분의 뜻을 기쁘게 따르게 됩니다. 강제성이 아니라, 내면에서 우러나오는 자연스러운 반응입니다. 하나님께서도 그러하셨습니다. 인간을 사랑하기 때문에 기다리셨고, 그 사랑 때문에 독생자를 내어주셨습니다. 하나님께서는 구약성경에서 반복해서 말씀하십니다.

'하나님은, 유일한 하나님이다.'
'마음을 다하고 힘을 다하고 성품을 다해서
하나님을 가장 사랑하라.'

　　그러나 이 말씀은 단순한 신학적 명제가 아닙니다. 하나님께서 인간을 사랑하는 방식입니다. 아마, 하나님도 그렇게 인간을 사랑하실 것입니다.
　　그대가 하나님을 사랑하지 않는 순종은, 하나님

도 필요 없습니다. 그대가 하나님을 사랑하지 않는 하나님과의 합일적 추구는 하나님을 멀리 도망가게 하는 일입니다. 그대가 하나님을 사랑하지 않으면서 지키는 율법은, 하나님도 관심이 없으십니다. 무엇보다 하나님을 사랑하지 않으면서 기독교의 사명을 수행한다는 것은 완전히 불가능한 일입니다. 그런 시도는 하면 할수록 하나님과 더 멀어지는 것입니다. 하나님을 너무 사랑해서, 그분의 뜻을 따르고 싶어 하는 순종, 그분의 계명을 가장 사랑하는 순종, 그 순종에서 기독교의 사명은 시작되는 것입니다. 그리고 무엇보다 그 사랑의 마음에서 하는 순종이, 하나님과의 합일을 이루게 합니다.

정확한 사명의 실험

기독교에서 '사명'이라는 단어를 자주 사용합니다. 그러나 사명을 단순히 '맡겨진 임무'로 이해해서는 안 됩니다. 사명은 단순한 과업이 아니라, 하나님과의 사랑의 관계 속에서 자연스럽게 흘러나오는 삶의 태도입니다. 하나님께서는 우리를 기계적으로 움직이는 존재로 만드시지 않았습니다. 그분께서 원하시는 것은 억지로 따르는 순종이 아니라, 기꺼이 선택하는 순종입니다. 하나님을 사랑하기에, 그분의 뜻을 따라가고 싶은 마음. 이것이 성경에서 말하는 진정한 순종입니다. 그리고 거기서 사명이 탄생합니다.

그대는 성경에서 예수님과 가장 가까웠던 사람이 누구라고 생각하나요? 예수님이 어떤 분인지를 가장 잘 아는 사람은 누구일까요? 사람마다 의견이 다를 수 있겠지만, 많은 이들이 베드로, 또는 마리아를 떠올릴 것입니다. 저 역시 그렇게 생각합니다. 베드로는 예수님의 수제자로, 언제나 예수님 곁에 머물렀습니다. 그래서 예수님이 무엇을 좋아하시고, 어떤 가치를 중요하게 여기시는지를 누구보다 잘 알았을 것입니다. 그러나 그런 베드로가 예수님을 배반합니다. 베드로는 닭이 울기 전에, 세 번이나 예수님을 부인합니다.

2천 년이 지난 지금, 그대는 '베드로의 부인' 사건을 여러 정황을 따져가며 이해하려 합니다. 관계적인 측면, 심리적인 부담, 당시의 정치적 상황까지 고려하면서 베드로의 마음을 헤아려봅니다. 그리고 이렇게 말하고 싶어질지도 모릅니다. "괜찮아, 나도 똑같았을 거야. 베드로를 이해해." 그러나 정작 베드로의 입장에서는 그런 위로가 싸구려 말장난처럼 들릴 것입니다. 한 개인의 역사에 있어서 어떤 감정들은, 이 세상의 그 무엇으로도 위로받을 수 없습니다. 그는 차라리 죽고 싶은 심정이었는지도 모르겠습니다.

영화 속에서는 배반한 자들이 냉정하고 전략적으로 살아가지만, 현실은 다릅니다. 배반한 자도 후회 속에 괴로워하며, 깊은 상처 속에서 살아갑니다. 베드로 역시 그랬을 것입니다. 마태복음, 마가복음, 누가복음은 베드로의 실패한 모습으로 끝을 맺습니다. 그는 더 이상 아무것도 할 수 없는 사람처럼 보입니다. 그런데 사도행전을 보면, 완전히 다른 베드로가 등장합니다. 3천 명을 회심시키고, 5천 명을 회개로 이끌며, 교회를 세우는 전사가 됩니다. 과거의 겁 많고 쉽게 흥분하던 베드로는 온데간데없습니다. 감옥에 갇혀도 흔들리지 않습니다. 오히려 천사가 옥문을 열어줍니다. 무엇이 그를 이렇게 변화시켰을까요? 사명 때문이었을까요? 아니면, 그가 실패를 딛고 다시 결심했기 때문일까요? 그 답을 찾기 위해서는 요한복음의 마지막 장면을 보아야 합니다.

요한복음은 예수님과 제자들의 깊은 대화를 담고

있는 책입니다. 예수님의 마음속에 무엇이 있었는지, 그분은 무엇을 좋아하고 무엇을 싫어하셨는지, 그리고 그분이 추구한 하나님나라는 어떤 것인지 비교적 선명하게 보여줍니다. 그 요한복음의 마지막에서, 우리는 베드로를 회복시키시는 예수님의 모습을 보게 됩니다.

그들이 조반 먹은 후에
예수께서 시몬 베드로에게 이르시되
요한의 아들 시몬아
네가 이 사람들보다 나를 더 사랑하느냐 하시니
이르되 주님 그러하나이다
내가 주님을 사랑하는 줄 주님께서 아시나이다
이르시되 내 어린 양을 먹이라 하시고
또 두 번째 이르시되 요한의 아들 시몬아
네가 나를 사랑하느냐 하시니
이르되 주님 그러하나이다
내가 주님을 사랑하는 줄 주님께서 아시나이다
이르시되 내 양을 치라 하시고
세 번째 이르시되 요한의 아들 시몬아
네가 나를 사랑하느냐 하시니

주께서 세 번째 네가 나를 사랑하느냐 하시므로

베드로가 근심하여 이르되

주님 모든 것을 아시오매

내가 주님을 사랑하는 줄을 주님께서 아시나이다

예수께서 이르시되 내 양을 먹이라

요한복음 21장 15-17절

요한복음 21장을 보면, 예수님이 정말 무엇을 소중하게 여겼는지 보입니다. 그것을 가장 단순하게 이야기하면 '사랑'입니다. 조금 복잡하게 이야기하면, 예수도 전적으로 믿는 '사랑의 위대함'입니다. 어쩌면 베드로에게 자신을 사랑하는지 세 번이나 묻는 예수의 마음은, 바닥에 있는 베드로보다 더 간절했는지 모릅니다. 그가 포기하지 않기를, 그가 절망하지 않기를, 한없이 바라는 간절함들 말입니다. 중요한 것은, 이 지점에서 예수님도 그분의 능력으로 베드로를 강제로 일으키지 않으셨다는 점입니다. 이 지점에서 예수님도 희망에 모든 것을 걸고 베드로가 스스로 부활하기를 바랐습니다. 그분이 희망했던 것은 사랑의 가능성이죠.

베드로가 스스로 일어나는 존재적 부활은, 세상에

흔하게 굴러다니는 당근이나 채찍, 혹은 대박이 날 거라는 로또나 주식 따위의 메커니즘이 아닙니다. 예수님은 베드로가 예수를 사랑해서 스스로 부활하기를 바랐던 것입니다. 사랑에는 그런 힘이 있으니까요. 그런 사랑의 힘이, 하나님이 세상을 이처럼 사랑해서 그 모든 것들을 창조하신 능력입니다. 그 사랑의 힘이, 예수가 제자들을 그토록 사랑해서 십자가에 죽으신 사건입니다. 예수는 베드로가 그 사랑 안에 있다면 바닥에서도 일어날 수 있다고 믿은 것입니다. 그리고 그 지점에서 참다운 '사명'과 접속되는 것입니다.

예수를 믿어서, 예수만 얻으면 됐지, 무엇을 더 얻으려고 하는가?

김인환

종점

교만이 결국 추구하는 세계에 대하여

종점

이제 마지막으로 교만의 종점(終點)에 대해서 살펴보려고 합니다. 교만의 종점에 무엇이 있을까요? 그것은 그대가 쉽게 생각할 수 있는 멸망, 외로움, 망함, 절망, 타락, 끝남 같은 현상적 종점이 아닙니다. 결론적으로 말하면, 교만의 종점은, 결국 자신이 가지고 있는 확신으로 하나님을 대적하게 하는 것입니다. 번역한즉, 자기 자신이 하나님을 대항할 수 있을 정도의 신이 되고 싶어 하는 무모함입니다.

물론, 그대가 논리의 표면만 봐서는, 그것이 불가능하다고 생각할 것입니다. 신앙이 있는데, 이 세상에서 그런 세계관을 가지고 살아갈 사람이 어디 있을까요? 아무리 생각해도 그것은 불가능한 것처럼 보입니다. 그런데, 그래서, 그렇기에, 그러므로, 교만의 종점은 악랄한 것이고, 동시에 무모한 것입니다.

그런데, 어쩌면 그런 악랄함과 무모함이 사탄을 가장 잘 표현한 것일 수도 있습니다. 왜냐하면, 성경은 사탄이 교만으로 망가진 천사라고 정확하게 말하기 때문입니다. 더 나아가 그의 교만은, 하나님보다 자신을 높이는 것이고, 동시에 하나님을 대적하는 것입니다. 그것이 악랄하고 무모한 것입니다. 번역한즉, 사탄이 추구하는 세계관이야말로, 가장 교만한 세계관이라는 것이죠. 그런데 교만의 정점에는 그런 악랄함과 무모함으로 하나님을 대적하는, 자기 확신이 피어 있는 것입니다. 즉, 망하거나 죽거나 외롭거나 끝나는 것이 아닙니다. 오히려 죽지 않고 하나님을 대적하는 것이고, 망하더라도 하나님을 대적하는 것이고, 외롭더라도 하나님을 대적하는 것입니다. 그렇다면 그것이 어떻게 가능할까요?

내가 가지고 있는 확신

교만의 종점에서 진정 고민해야 하는 것은 '자기 확신'입니다. 이제 그대가 가지고 있는 확신에 대해서 살펴봅시다. 그대는 이 드넓고 광대하고 신비로운 신앙의 세계 앞에서 무엇을 확신하고 있습니까? 더 나아가 하나님에 관해서 무엇을 확신하고 있습니까? 무엇보다 나의 인생에 대해서 무엇을 확신합니까?

물론, 그대는 그대가 배운 대로 '믿음으로' 확신할 수도 있습니다. 그러나 만약 그대가 가진 확신이, 가장 못생긴 오만이고, 가장 편협한 악랄함이고, 교만의 정점이라면, 그대는 인정할 수 있을까요? 만약 그대가 가지는 확신이, 결국 하나님을 가장 대적하는 것이라면, 그대는 그것을 겸허하게 인정하고 버릴 수 있을까요? 그대는 진정 완벽한 자기 확신 속에서 예수가 주는 대답을 인정할 수 있을까요?

사탄의 시험

저는 성경에서 정말 자신의 답으로 똘똘 뭉친 존재가 있다고 생각합니다. 그것은 사탄입니다. 사탄은 모든 상황에서 교묘하고도 오묘하게 어떤 '답'들을 만들어냅니다. 심지어 그 답은 논리가 되고, 결과를 가져오기도 합니다. 그래서 그것이 정답 같아 보입니다. 그러나 예수는 그 대답을 수용하지 않습니다. 왜냐하면 그것은 하나님의 뜻과는 다르기 때문입니다. 그것을 가장 잘 볼 수 있는 성경의 이야기는, 예수님이 사탄에게 시험을 받는 장면입니다.

예수께서 성령의 충만함을 입어 요단 강에서 돌아오사

광야에서 사십 일 동안 성령에게 이끌리시며

마귀에게 시험을 받으시더라

이 모든 날에 아무것도 잡수시지 아니하시니

날 수가 다하매 주리신지라

마귀가 이르되 네가 만일 하나님의 아들이어든

이 돌들에게 명하여 떡이 되게 하라

예수께서 대답하시되 기록된 바

사람이 떡으로만 살 것이 아니라 하였느니라

마귀가 또 예수를 이끌고 올라가서

순식간에 천하만국을 보이며 이르되

이 모든 권위와 그 영광을 내가 네게 주리라

이것은 내게 넘겨 준 것이므로

내가 원하는 자에게 주노라

그러므로 네가 만일 내게 절하면 다 네 것이 되리라

예수께서 대답하여 이르시되

기록된 바 주 너의 하나님께 경배하고

다만 그를 섬기라 하였느니라

또 이끌고 예루살렘으로 가서 성전 꼭대기에 세우고 이르되

네가 만일 하나님의 아들이어든 여기서 뛰어내리라

기록되었으되 하나님이 너를 위하여 그 사자들을 명하사

너를 지키게 하시리라 하였고

또한 그들이 손으로 너를 받들어

네 발이 돌에 부딪치지 않게 하시리라 하였느니라

예수께서 대답하여 이르시되

주 너의 하나님을 시험하지 말라 하였느니라

누가복음 4장 1-12절

성경을 보면, 예수님은 성령에게 이끌리어 광야에 갔는데, 하나님이 아니라 사탄을 만납니다. 중요한 질문을 해봅니다. 그렇다면 성령님은 왜 하필 사탄을 만나게 하신 걸까요? 그것은 단순합니다. 아주 쉬운 오답 노트처럼 가장 완벽한 오답을 보여주시는 것입니다. 그것이 성령께서 의도한, 광야에서 직면하는 가장 안전한 시험입니다. 번역한즉, 그대가 신앙생활을 할

때, 결코 타협하지 않아도 되고, 고민하지 않아도 되는 완벽한 오답이 무엇인지를 보여주는 것이죠. 심지어 그것이 아무리 말이 되고, 논리가 되고, 정답이 되어도 마찬가지입니다. 그리고 그 오답으로부터, 또 정답으로부터 자기가 무엇을 믿고 있는지 증명해내는 것입니다. 그것이 광야 시험입니다.

일단 중요한 전제들을 봅시다. 시험을 받고 있는 지금, 예수는 온전하지 않습니다. 본문은 아주 많은 한계를 가진 예수를 보여줍니다. 40일 동안 아무것도 먹지 못하셨습니다. 그런데 여기에 생각할 거리가 많습니다. 마태복음과 마가복음은, 예수님이 주도적으로 뜻을 세워서 40일을 금식한 것같이 이야기합니다. 그런데 누가복음은 다릅니다.

마귀에게 시험을 받으시더라
이 모든 날에 아무것도 잡수시지 아니하시니
날 수가 다하매 주리신지라
누가복음 4장 2절

누가복음은 정말 철저하게 고난 가운데 있는 초췌

한 인간상으로 예수를 보여줍니다. 예수가 직면한 고난은, 인간의 최소한의 존엄인 식사도 할 수 없을 정도의 고난입니다. 그래서 2절 하반절을 보면, 그분은 배가 고프셨다고 합니다. 너무나 연약한 상태입니다.

그때 마귀가 말합니다. "네가 하나님의 아들이라면, 이 돌들에게 명해서 떡덩이가 되게 해봐." 이 말을 깊게 생각합시다. 논리적으로 틀린 말이 있을까요? 하나님의 아들로서 이 정도 기적은 할 수 있잖아요. 또 사람이라면 배고플 때 떡이 필요하잖아요. 이건 100퍼센트 정답 아닙니까? 그런데 이것이 신앙의 세계에서 절대로 통하지 않는 100퍼센트 틀린 오답이라면 어떨까요? 내가 정확하게 인식하고 있는 것이 가장 틀린 인식이라면 어떨까요? 그대가 교만을 생각할 때, 이 부분을 깊게 생각해야 합니다. 너무나 당연한 의문, 그 의문에 대한 정답이, 하나님 앞에서는 오답일 수 있습니다.

광야에서의 요구

지금 예수님이 시험을 받으시는 배경은 광야입니다. 광야에 있으면 당장에 인식할 수 있고, 파악할 수 있고, 이해될 수 있는 현상은 저 돌들뿐입니다. 저 돌들을 통해서 어떤 답을 찾아가야 합니다. 왜냐하면, 광야에서 저 돌들이 전부라고 생각하니까요. 그렇기에 여기서 그대가 가진 기독교 신앙은, 마치 저 돌들을 떡으로 변화시켜야 참된 기독교의 세계라고 생각합니다. 그것이야말로 신앙의 도리라고 생각합니다. 그래서 그것이 안 되면 그대는 죽을 것 같습니다. 그렇기에 그대는 하나님께 생떼를 쓰고, 억지를 부립니다. 안 들어주시면 드러눕죠.

예를 들어봅니다. "하나님, 지금 좋아하는 사람이 생겼습니다. 내 눈에는 저 사람밖에 안 보입니다. 그런데 저 사람 마음이 돌덩이 같습니다. 기도하오니, 저 사람의 마음이 부드러운 떡같이 되어 나를 좋아하게 해주세요", "하나님, 지금 내 눈에는 저 직장밖에 안 보입니다. 그런데 저 직장에 입사하는 문제가 돌덩이 같습니다. 기도하오니, 쉬운 떡을 먹듯이 나만 입사하게 해주세요", "하나님, 지금 저는 이 기회밖에 안 보입니다. 그런데 현실이 돌덩이 같습니다. 기도하오니, 반드시 이 방법으로 해결해주세요." 그대도 이런 기도를 종종 합니다. 아니, 자주 합니다. 그 이유는 그대가 광야에서 인식하고 파악하고 이해될 수 있는 것이 내 눈앞에 있는 이 돌덩이들밖에 없기 때문입니다.

그렇게 매번, 그대는 그대가 가지고 있는 정확한 답을 가지고 하나님께 나아가는 것입니다. 그런데 만약 그것이 하나님이 원하시는 정답이 아니라면, 그대는 인정할 수 있습니까? 더 나아가 자신의 답을 확고하게 하는 것이 교만이라면, 그대는 받아들일 수 있습니까? 사탄은 돌이 변해서 떡이 되어야 하는 차원을, 논리와 합리와 대답으로 말하지만, 하나님은 이 문제를 새롭게 풀어가십니다. 그것이 뭘까요? 예수님의 대답을 봅시다.

예수께서 대답하시되 기록된 바
사람이 떡으로만 살 것이 아니라 하였느니라
누가복음 4장 4절

일단 이것은 정말 중요한 이야기입니다. 왜냐하면, 예수님은 광야에서 인간의 존재론에 대해서 새롭게 규정했습니다. 그것은 인간은 떡으로만 살 수 있는 존재가 아니라는 것입니다. 그러면 인간은 무엇으로 살아가는 존재일까요? 바로, 하나님의 말씀입니다. 광야일수록 그것이 선명해지는 시간입니다. 그러니 그대에게 진지하게 묻습니다. 그대는 사람이 떡으로만 사는 것이 아니라, 하나님의 말씀으로 살 수 있다는 것을 믿습니까? 정말 믿나요? 그것을 믿어야, 새로운 차원의 힘과 길과 기회가 보일 것입니다.

광야에서 사탄은, 돌이 변해서 떡이 되어야 하는 차원을, 논리와 합리와 대답으로 말하지만, 하나님은 이 문제를 새롭게 풀어가십니다. 성경을 보면, 광야에서 하나님이 먹이시는 방법은 따로 있습니다. 하늘을 열어서 양식을 내리세요. 그것이 '만나와 메추라기'입니다. 광야에서 하늘을 열어서 인간의 존재를 채우시는 하나님의 섭리를 찾아야 합니다. 만약 그대가 지금 광야라는 생각이 든다면, 잊지 맙시다. 하나님이 광야에서 반드시 하늘을 여셔서, 먹이십니다. 인간이 인식할 수 없는 차원의 신령한 음식들을 주십니다. 사실 예수님이 인용하신 대답은 신명기 8장 2-3절입니다.

네 하나님 여호와께서 이 사십 년 동안에
네게 광야 길을 걷게 하신 것을 기억하라

이는 너를 낮추시며 너를 시험하사 네 마음이 어떠한지

그 명령을 지키는지 지키지 않는지 알려 하심이라

너를 낮추시며 너를 주리게 하시며

또 너도 알지 못하며 네 조상들도 알지 못하던

만나를 네게 먹이신 것은

사람이 떡으로만 사는 것이 아니요

여호와의 입에서 나오는 모든 말씀으로 사는 줄을

네가 알게 하려 하심이니라

신명기 8장 2-3절

이것이 광야 시험의 전문입니다. 예수님은 가장 완벽한 오답 앞에서, 가장 정확한 정답을 믿었어요. 광야를 주신 이유는, 하늘을 여시는 이유입니다. 번역한 즉, 하나님은 그대가 이해되고 인식할 수 있는 저 돌들을 변화시킴으로 역사하시는 분이 아니에요. 하나님은 그대가 인식할 수 없는 하늘의 차원으로 나를 먹이시는 분이에요. 그러니 광야는 가장 안전한 장소예요. 그 광야에서, 내가 인식할 수 있는 것만, 하나님께 가지고 가야 할 정답이라고 생각하지 마시기 바랍니다. 그것이 교만입니다. 오히려 광야는 그렇게 인식한 나의 돌들을 부수시는 하나님이에요.

그 광야에서 요구하시는 하나님의 의도가 있습니다. 그것은 자기 증명입니다. 그대가 광야에서 완벽한 정답에 대해서, 완벽한 오답에 대해서, 무엇을 믿었는지 자기 증명이 이루어지는 것입니다. 그대의 마음이 어떠한지, 그대가 그 명령을 정말 소중하게 여기는지 보시는 것입니다. 하나님은 속지 않으십니다. 그래서 하나님은 사탄을 만나게 합니다. 고난 속에서는 자신이 무엇을 믿었는지가 드러납니다.

돈의 심리학

두 번째로, 사탄은 자신의 확신을 가지고 예수님께 이렇게 다가옵니다.

마귀가 또 예수를 이끌고 올라가서
순식간에 천하만국을 보이며 이르되
이 모든 권위와 그 영광을 내가 네게 주리라
이것은 내게 넘겨 준 것이므로
내가 원하는 자에게 주노라

그러므로 네가 만일 내게 절하면

다 네 것이 되리라

누가복음 4장 5-7절

　　이번에는 사탄이 예수님에게 순식간에 천하만국을 보여주며, 이 모든 권위와 영광을 주겠다고 합니다. 그대라면 어떻게 할 것 같은가요? 절하지 않겠습니까? 왜요? 그대는 저런 것들이 필요하다고 생각하잖아요. 더 나아가 저런 것들을 적절하게 '선용'하면 된다고 생각하지 않습니까? 그래서 신앙이 있는 그대는, '선용'이라는 이름으로 뭐든지 '허용'하지 않습니까? 천하만국과 영광은 그만큼 매력적인 것입니다.

　　분명한 한 가지는, 이 세상 사람들은 저것을 좋아갑니다. 저기에 생의 모든 의미가 있는 것처럼 좋아갑니다. 번역한즉, 돈의 심리학(the psychology of money)입니다. 어떤 이름을 갖다 붙이더라도, '돈의 심리학'입니다. 그런데 한 번 그대에게 물어봅니다.

인간은 돈이 얼마나 있으면 행복할까요?

《돈의 심리학》(the psychology of money)을 쓴 모건 하우절(Morgan Housel)이 이렇게 말합니다. 돈의 심리학을 탈 것에 비유했는데 한 번 천천히 음미해보시기 바랍니다.

"자전거를 타는 건강한 사람은, 자가용이 있는 사람을 부러워하고, 자가용이 있는 사람은, 운전기사가 있는 사람을 부러워합니다. 운전기사가 있는 사람은, 다시 자전거를 탈 수 있을 만큼 건강한 사람을 부러워합니다. 이코노미를 타는 사람은, 비즈니스 타는 사람을 부러워하고, 비즈니스 타는 사람은, 퍼스트 클래스 타는 사람을 부러워합니다. 퍼스트 클래스 타는 사람은, 전용기 타는 사람을 부러워하고, 전용기 타는 사람은, 저기 땅에서 건강하게 자전거를 타는 사람을 부러워합니다."

이것이 모건 하우절이 이야기한 '돈의 심리학'입니다. 상당히 의미가 있는 비유입니다. 그대는 가진 것이 없다고만 생각해서, 천하만국과 영광을 부러워합니다. 또 그것을 가지면 행복하다고 생각합니다. 그런데 그것이 가장 완벽한 오답이라면 어떨까요? 인정할 수 있습니까? 거기에 겸손할 수 있습니까? 그대가 막혀 있는, 그대의 인생을 풀어가는, 가장 정확한 방법인 '돈'이, 사실은 가장 완벽한 오답이라면 그것을 인정할 수 있습니까?

그대에게 '인간과 돈'의 관계에 대해서 정답에 가까운 두 가지 사실과 진리를 말씀드리고 싶습니다. 첫 번째, 그대가 원하는 그 어떤 것을 가져도, 그대는 행복하지 않습니다. 오히려 그대보다 더 가진 사람이 보일 것입니다. 그렇다면 매우 중요한 한 가지 귀결점이 나옵니다. 행복은 그대가 타인보다 무엇인가를 더 가지는 것에 대한 차원이 아닙니다. 이것이 정말 중요한 진리입니다.

두 번째, 사탄이 제시하는 '천하만국과 영광'은 인류의 역사상 그것을 한 개인이 다 가져본 적이 없습니다. 그대가 알고 있는 제국의 제왕들도, 천하만국과 영광을 온전히 소유한 적이 없습니다. 즉, 이것은 한 개인이 가질 수 있는 성질의 것이 아닙니다. 그렇다면 진지해져봅시다. 사탄이 광야에서 예수에게 보여주는, 저 천하만국과 영광은 어떤 시험일까요? 그것은 한마디로 신기루입니다. 망상과 같은 것입니다.

그대는 지금 있는 자리에서, 천하만국과 영광을 꿈꿀 수 있습니다. 저것을 가지면 하나님을 위해서 선용할 수 있다고 생각합니다. 그러나 그것은 어마무시한 '착각'입니다. 왜요? 하나님나라는 돈으로 움직일 수 있는 것이 아니니까요.

사탄은 광야에서, 예수님에게 천하만국과 영광을 보여주었습니다. 그러나 광야에서 예수님에게 왜 저런 것이 필요하겠습니까? 도대체 광야에서, 왜 저런 것을 꿈꿔야 합니까? 그 자체가 광야에서 바라봐야 할 주제어가 아닙니다. 그러나 사탄은 광야에서, 그대에게 저런 것을 보여줍니다. 마친 저런 것들이 인생의 진실이라도 되는 것처럼 보여줍니다. 더 나아가, 내 주머니에 '천하만국과 영광' 같은 것을 가지지 못해서, 스스로 지금의 이 시간과 공간을 광야라고 생각하기도 합니다. 그러나 그것은 시큼한 망상입니다. 달콤한 허상입니다. 기름진 신기루입니다. 그대는 인생의 정확한 정답을 '돈'이라고 생각하겠지만, 그대가 가지고 있는 그 정답이 교만입니다. 그대에게 주어진 인생을 돈의 심리학으로 풀어가는 것이 가장 완벽한 오답입니다.

진지하게 물어봅니다. 그대는 광야에서 무엇을 꿈꾸니까? 그대는 광야를 지날 때마다 무엇을 희망하시나요? 그런데 그대가 꿈꾸는 모든 것이, 모두 믿음과 신앙을 가장한 허상은 아닌가요? 혹시 그 허상은 사탄이 보여준 것 아닐까요? 혹시 저의 질문이 너무 비릿하고 괴상하다고 생각하십니까?

그렇다면, 도대체 그대가 광야에서 바라보는 것들이, 사탄이 보여주는 허상인지, 아니면 하나님이 보여주는 비전인지를 어떻게 구분할까요? 그것은 예수님이 광야에서 무엇을 보셨는지를 보면 알 수 있습니다.

그들이 떠나매

예수께서 무리에게 요한에 대하여 말씀하시되

너희가 무엇을 보려고 광야에 나갔더냐

바람에 흔들리는 갈대냐

그러면 너희가 무엇을 보려고 나갔더냐

부드러운 옷 입은 사람이냐

부드러운 옷을 입은 사람들은 왕궁에 있느니라

그러면 너희가 어찌하여 나갔더냐

선지자를 보기 위함이었더냐

옳다 내가 너희에게 이르노니

선지자보다 더 나은 자니라

마태복음 11장 7-9절

　　예수님이 광야에서 본 것을 상고해봅시다. 예수님
이 광야에서 바라본 것이 그대가 바라본 것과 동일해
야 합니다. 왜냐하면, 그래야 그대가 바라보는 광야가
하늘의 세계라는 것을 인식할 수 있기 때문입니다.

　　예수님은 정확하게 말씀하십니다. 광야에서는, 그
대를 유혹하는 흔들리는 갈대 같은 것을 보는 것이 아
니라고 합니다. 또 광야에서는 부드러운 옷을 입은 사
람을 보는 것 아닙니다. 더 나아가 광야에서는 왕궁의
사람들을 희망하는 것도 아닙니다.

　　광야에서는 선지자를 봐야 합니다. 그것은 어떤 의
미일까요? 그것은 너무나 정확한 의미입니다. 그것은
자신이 가진 기준과 정답을 내려놓고 하나님의 음성을
듣는 것입니다. 그래서 선지자를 만나러 광야에 가는
것입니다. 그리고 내가 진짜 그 선지자의 말을 믿는지,
자기 증명을 하는 것입니다. 완벽한 정답으로부터, 완

벽한 오답으로부터 하는 것입니다. 그러니 광야를 두려워 마세요. 광야에서는 하나님의 음성이 잘 들립니다.

이것은 제가 군대에서 경험한 실존입니다. 군대에서는 수많은 사람들이 엄청난 꿈을 가지고 있습니다. 그리고 이런 말을 합니다. "내가 사회에 나가면, 나는 월에 천만 원 벌어", "내가 사회에 나가면, 나 따라오는 여자들이 수십 명이야", "내가 진짜 이 군대만 아니면 지금쯤 굉장히 유명했을 거야." 그런데 이 정도로 끝나지 않습니다. 이런 소리는 더 큰 증폭을 이룹니다. "너, 내가 사회에서 뭐 했는지 알아?", "나는 이런 일도 했어", "내가 이런 사람이야." 그런데 이 말들이 다 진실일까요? 아니요. 다 망상일 것입니다. 군대에 있는 남자들의 평균 나이는 고작 20-22살 정도입니다. 그들이 군대에 오기 전에, 사회에서 무엇을 해봤을까요? 모든 것들이 통제되어 있고, 제한되어 있는 군대에서는 서로에게 이런 망상을 외칩니다. 마치 그것이 진실인 것처럼 그러합니다.

그런데, 크리스천들에게 군대라는 광야에서 정말 잘 들리는 것이 있습니다. 그것은 '하나님의 말씀'입니다. 저뿐만 아니라 대부분의 크리스천들이 경험했을

종점

것입니다. 개인적으로 저는 정말 매일 들렸습니다. '일환아, 내가 너를 사랑한단다', '이 시간도 내가 너에게 준 소중한 시간이란다', '너의 이 모든 시간을 내가 다 축복한단다.' 그래서 저는 오히려 정말 열심히 군 생활을 했습니다. 저는 군 생활이 얼마나 행복하고 재미있었는지 모르겠습니다. 그러니 두려워 마세요. 광야에서는 하나님의 음성이 잘 들립니다.

광야를 어떻게 해석할 것인가?

광야란, 히브리어로 '미드바르'(מדבר)입니다. 그런데 이 어원이 참 재미있습니다. 이 말은, 히브리어의 '말하다' 동사인 '다바르'(דבר)에서부터 온 말입니다. 그런데 이 말이 뭔가 어색하지 않나요? 광야란, 아무 소리도 들리지 않고, 아무 음성도 들리지 않은 곳인데, 어떻게 '말하다'라는 동사에서 '광야'라는 명사가 나온 것일까요? 언뜻 보기에 이 두 단어는 상관없어 보이지만, 성경의 내러티브로 볼 때 이 두 단어의 관계는 참으로 깊은 의미가 있습니다. 먼저 이스라엘이 광야에서 행한 태도를 보면 알 수 있습니다.

백성이 모세에게 원망하여 이르되

우리가 무엇을 마실까 하매

출애굽기 15장 24절

이스라엘 자손 온 회중이

그 광야에서 모세와 아론을 원망하여

출애굽기 16장 2절

아침에는 너희가 여호와의 영광을 보리니

이는 여호와께서 너희가 자기를 향하여

원망함을 들으셨음이라 우리가 누구이기에

너희가 우리에게 대하여 원망하느냐

출애굽기 16장 7절

이는 여호와께서 자기를 향하여

너희가 원망하는 그 말을 들으셨음이라

우리가 누구냐 너희의 원망은 우리를 향하여 함이 아니요

여호와를 향하여 함이로다

출애굽기 16장 8절

종점

모세가 또 아론에게 이르되

이스라엘 자손의 온 회중에게 말하기를

여호와께 가까이 나아오라

여호와께서 너희의 원망함을 들으셨느니라 하라

출애굽기 16장 9절

내가 이스라엘 자손의 원망함을 들었노라

그들에게 말하여 이르기를

너희가 해 질 때에는 고기를 먹고

아침에는 떡으로 배부르리니

내가 여호와 너희의 하나님인 줄

알리라 하라 하시니라

출애굽기 16장 12절

거기서 백성이 목이 말라 물을 찾으매

그들이 모세에게 대하여 원망하여 이르되

당신이 어찌하여 우리를 애굽에서 인도해 내어서

우리와 우리 자녀와 우리 가축이 목말라 죽게 하느냐

출애굽기 17장 3절

이스라엘은 광야에서 말합니다. 그것은 바로 '원망'입니다. 그 원망의 대상은 모세와 하나님입니다. 그렇다면 그들은 왜 원망하는 걸까요? 그들이 원망하는 이유는, 자신들이 확신하고 있는 정확한 정답을 가지고 있기 때문입니다. 그들이 가지고 있는 정답은, 광야에서 그들의 뜻과 소원대로 먹는 것과 마시는 것과 입는 것과 자는 것이 해결되는 것입니다. 그런데 광야에서는 그것이 안 되는 것입니다. 즉, 삶을 살아가는 문제가 자신의 뜻대로 되지 않기 때문에 원망하는 것입니다. 그래서 더 이해가 되지 않는, 모세의 언어도 생각도 시간도 방향도 비판합니다. 더 더 이해가 되지 않는 하나님의 언어도 생각도 시간도 방향도 비난하는 것입니다. 이스라엘이 이해되는 것은, 이스라엘 스스로의 감정과 판단력밖에 없으니까요. 그런데, 그래서, 그리고, 그렇기에, 그것이 '교만'인 것입니다. 자신이 확신하는 답을 가지고 하나님과 승부를 보려는 모든 시도들입니다.

그들은 광야, 곧 미드바르(מדבר)에서 자신의 소리를, 다바르(דבר) 합니다. 즉, 광야에서 자신의 소리를 말합니다. 보통의 경우에는, 민중들이 집단으로 이런 이야기를 하면, 정치적인 장치들이 일어나야 합니다. 그러나 하나님은 끝까지 참고 기다리십니다. 더불어 모세도 참고 기다립니다. 그 시간이 40년입니다. 그렇다면 하나님은 어떤 시간을 40년이나 기다린 걸까요?

하나님이 기다리는 시간에 관하여

하나님이 광야에서 이스라엘을 기다리는 시간은, 이스라엘의 의지와 확신과 그들의 소리와 정확히 반대되는 관점에서 기다리는 것입니다. 진실로 하나님은 그들의 확신하는 교만이, 스스로 의심이 들기를 기다린 것입니다. 그래서 다른 시간, 다른 공간, 다른 방향들이 그 광야에 존재하는 것을 깨닫기 바라신 것이죠. 번역한즉, 하나님은 그들이 광야, 미드바르(מדבר)에서 하나님의 소리를 다바르(דבר) 하기를 기다리신 것입니다. 광야에서 하나님이 하시는 말씀을 듣기를 기다리신 것입니다. 그 시간이 40년이었습니다.

결국 기다리는 시간은 기다렸던 시간이 됩니다. 이스라엘은 광야 40년 만에 자신의 소리가 아닌, 하나님의 음성을 듣는 법을 배웁니다. 그들은 아주 오랜 시간

수많은 고통을 겪으면서, 자신의 교만을 잘게 부수면서, 광야에서 살아남을 수 있는 유일한 길인 '하나님의 음성 듣기'를 선택합니다. 그들에게는 하나의 감각이 생기게 됩니다. 그것은 하나님의 말씀, 곧 하나님의 다바르(דבר)를 좇아갈 때는, 광야, 미드바르(מדבר)에서도 길을 잃지 않게 된다는 감각입니다.

이스라엘의 광야 40년이라는 시간은 그런 좌충우돌의 시간이었습니다. 인간의 시간과 하나님의 시간이 충돌하는 시간이었습니다. 그리고 결국 그들은 하나님의 음성에 따라 "가라"와 "멈춰라"가 된 것입니다. 하나님이 보시기에는 이 정도면 충분했던 것입니다. 고대 근동의 가나안 7족을 정복하고, 이스라엘이라는 하나의 국가를 세우기에 충분했던 것입니다. 그렇게 하나님은 이스라엘에게 시간의 영역에 있어서 인간의 감각이 아닌, 하나님의 뜻을 묻는 것을 연습시킨 것입니다. 즉, 이스라엘은 시간에 있어서는 전혀 새로운 기준으로 고대 근동에서 살아간 것입니다.

그래서 광야에서 '천하만국'을 보이는 사탄에게, 예수님은 이렇게 말씀하십니다.

예수께서 대답하여 이르시되 기록된 바

주 너의 하나님께 경배하고

다만 그를 섬기라 하였느니라

누가복음 4장 8절

　　예수님은 광야에서 그대가 정말 섬겨야 할 하나님
의 감각에 대해서 매우 정확하게 말씀하십니다.

　　아주 당연한 논리에 관하여

　　사탄은 마지막으로, 예수를 이렇게 시험합니다.
번역한즉, 아주 당연한 논리에 관해서입니다.

기록되었으되

하나님이 너를 위하여 그 사자들을 명하사

너를 지키게 하시리라 하였고

또한 그들이 손으로 너를 받들어

네 발이 돌에 부딪치지 않게 하시리라 하였느니라

누가복음 4장 10-11절

마지막 시험은 참 생각할 것이 많습니다. 그 이유는, 사탄이 하나님의 말씀으로 예수님을 시험하기 때문입니다. 그렇다면 그대가 출석하고 있는 교회에서도, 그대가 읽는 말씀에서도, 사탄은 그대를 얼마든지 시험할 수 있는 것입니다.

사탄의 마지막 시험을 다양하게 해석할 수 있지만, 매우 중요한 차원을 논하려 합니다. 그것은 그대가 이미 알고 있는 '말씀'으로 예수님을 시험한 차원이 아닙니다. 오히려 그 안에 깊게 숨겨져 있는 프로세스입니다. 그것은 바로 '그리스도인에게 너무나 당연한 신앙의 논리들'입니다.

어떤 의미에서 그리스도인에게 가장 큰 약점은 그런 신앙의 논리들입니다. 언제나 그대에게 신앙의 논리는 합리가 되어 삶의 진리를 대변하게 됩니다. 그러나 무서운 지점은, 사탄은 그것을 너무나 쉽게 역방향으로 사용할 수 있다는 것입니다. 그래서 그대가 표현하는 겸손이 가장 큰 교만일 수 있습니다. 그대가 품고 있는 신앙이 가장 큰 불신일 수 있습니다. 사탄은 예수님께 이렇게 시험합니다.

삶의 시험 _ 높은 곳에서 뛰어내리라

신앙의 논리 _ 성경에 기록되어 있기를 천사들이 너를 지켜준다

그대는 이것에 대해서 어떻게 생각하시나요? 하나님이 인간을 지켜주시기에 자신의 마음대로 높은 곳에서 뛰어내려도 될까요? 이것은 마치 이런 논리와 같습니다.

하나님이 너를 지독히도 사랑해.

그분은 십자가에서 아들을 주셨잖아?

그러니까 네 마음대로 살아도 돼.

왜냐하면 하나님은 너를 사랑하시니까.

너의 모습을 다 예쁘게 보실 거야.

먼저 그대에게 깊은 차원으로 먼저 이야기합니다. 말이 된다고 논리가 되는 것이 아니고, 논리가 된다고 진리가 되는 것이 아닙니다. 어떤 의미에서 그것은 하나님을 기만(欺瞞)하는 것입니다.

깊게 생각해봅시다. 사탄은 왜 예수님에게 높은

곳에서 뛰어내리라고 했을까요? 마지막 시험의 배경은 광야가 아닙니다. 당시 1세기 유대 사회에서 '높은 곳'의 고유명사는 '예루살렘 성전 꼭대기'입니다. 사탄은 예수님에게 예루살렘 성전에서 뛰어내려보라고 합니다. 왜 그럴까요? 예루살렘 성전 앞에는 언제나 이스라엘의 수많은 사람들이 모여 있기 때문입니다. 이스라엘 사람들은 그곳에 언제나 모여서, 수많은 소문과 대화를 나눕니다. 오늘날로 이야기하면 '핫플'(hot place)입니다.

사탄의 '말이 되는 신앙의 논리'에 대해서 깊게 생각해봅시다. 사탄의 요구대로 만약 그곳에서 예수님이 공중에서 떨어졌습니다. 그런데 천사들이 나타나서 예수님의 발이 돌에 부딪치지 않도록 예수님을 떠받들어줍니다. 그래서 예수님은 높은 곳에서 떨어져도 죽지 않았습니다. 그렇다면, 예루살렘 주변의 수많은 사람들이 소문을 내지 않겠습니까? '예수는 높은 곳에서 떨어져도 죽지 않아', '내가 예루살렘 성벽 근처에서 똑똑히 봤어! 예수가 공중에서 떨어졌는데 안 죽었어' 등등 수많은 소문을 낼 것입니다.

사탄의 '말이 되는 신앙의 논리'에 대해서 더 깊게

생각해봅시다. 만약 그렇다면, 그것만큼 예수님의 복음 사역에 효과적인 것이 있을까요? 그렇다면 수많은 사람들이 예수님을 하나님의 아들로서 믿지 않았을까요? 이스라엘의 수많은 사람들이 예수님을 인정하지 않았을까요? 그때 예수님은, 소위 말해서 '핵인싸_'가 되는 것 아닐까요? 누가 봐도 사탄이 제시하는 저 논리는, 말이 되는 신앙의 논리입니다.

그런데 예수님은 그런 사탄의 요구를 일언지하(一言之下)에 거절합니다. 그 이유는, 만약 사탄의 요구대로 저렇게 된다면, 결론적으로 예수님은 십자가를 질 수 없기 때문입니다. 사탄의 요구대로 한다면, 수많은 사람들에게 인기를 끌 수 있습니다. 또 그런 유명세로 복음 전도에 효과를 가지고 올 수도 있죠. 그러나 십자가는 질 수 없을 것입니다. 예수님에게 십자가는 선택 사항이 아닙니다. 그것은 합리적인 신앙의 논리들로 이해가 되는 차원이 아닙니다. 예수가 감당해야 할 십자가는 하나님의 정확한 요구입니다. 그것은 인간의 편에서 이해가 되는 차원이 아닙니다.

그러나 그대가 가지고 있는 교만의 정점은, 그대가 가지고 있는 신앙의 논리들로 하나님의 정확한 뜻들을 꺾으려고 합니다. 그래서 교만의 정점은 오만한 태도를 틈입시킵니다. 오만한 인간은 인간의 편에서 말이 되고 이해가 되어야 하나님의 차원이 허용될 수 있다고 생각합니다. 그러나 하나님의 준엄하신 뜻은 이해의 차원이 아닙니다. 너무나 슬픈 것은, 요즘 기독교 신앙이, 이 아름다운 신앙의 내력을 잃어버렸습니다. 그래서 너무 이해하려 하고, 민주적으로 표결하려 하고, 인간적인 합의점이 교회를 이끌어가는 전부라고 생각합니다. 그러나 깊게 생각해보십시오. 인간과 인간의 모든 지성, 의지, 감정, 뜻을 다 모아서 한 보자기에 싸서 흔들고 흔들고 또 흔들어도, 십자가는 완성되지 않습니다. 아니 십자가를 지는 자체를 이해할 수 없습니다. 왜냐면, 십자가는 그런 차원의 성질이 아니니까요. 십자가는 순종의 차원입니다. 십자가는 하나님의 문법으로 이해해야 하는 차원입니다. 그래서 십자가의 역설은 미학의 정설입니다.

결국 교만의 정점이 무섭고 위협적인 이유는, 하나님이 주신 십자가마저 거절하게 한다는 것입니다. 아주 논리적인 신앙의 이유들로 하나님의 뜻을 거절하게 합니다.

그러니 다시 한번 강조합니다. 말이 된다고 논리가 되는 것이 아니고, 논리가 된다고 진리가 되는 것이 아닙니다. 어떤 의미에서 그것이 하나님을 기만하는 것입니다. 예수님이 보시기에, 사탄이 제시하는 이 신앙의 논리는, 이 시험은 단지, 하나님을 시험한 것입니다. 그래서 예수님은 사탄에게 이렇게 말하는 것입니다.

예수께서 대답하여 이르시되
주 너의 하나님을 시험하지 말라 하였느니라
누가복음 4장 12절

애매한 것들

예수님은 광야에서 정말 인식해야 하는 것은, 하나님을 시험하지 않는 것이라고 말합니다. 반대로 이야기하면, 광야에서는 하나님만 섬기는 신앙을 키워야 합니다. 전자가 교만이라면, 후자는 겸손입니다. 그렇다면 하나님만 섬기는 차원이 무엇일까요?

지금 밖으로 나가서 사람들에게 물어보세요.

당신은 사탄을 숭배하기를 원하십니까?

당신은 마귀를 숭배하기를 원하십니까?

그럼 세상에 있는 사람들은 당연히 "아니요"라고 말할 것입니다. 믿지 않는 사람들까지도 펄펄 뛰며 "노"(No)라고 부인할 것입니다. 상식적인 사람이라면, 신앙의 유무와 관계없이, 누가 사탄을 숭배하기를 원하겠습니까?

그런데 그들에게 돈을 보여주십시오. 그들에게 출세를 보여주십시오. 그들에게 성공을 보여주십시오. 그러면 사람들은 그 성공 때문에, 혹은 출세 때문에, 혹은 돈 때문에 신앙을 버릴 것입니다. 그리고 양심을 타협하는 일들을 너무도 쉽게 자행할 것입니다. 더 나아가 하나님도 시험할 것입니다. 신앙의 유무와 상관없이 상식적인 사람들이라도 그럴 것입니다. 그러니 그대가 넘어지는 유혹을 단순하게 생각하지 않기를 바랍니다. 더 나아가 그대가 하나님께 나아가는 교만한 확신과 오만한 태도들을 가볍게 생각하지 않기를 바랍니다. 그것은 언제나 교묘하고 오묘하며 쉽게 퍼덕이고 흥분할 수 있는, 애매한 것들입니다. 눈에 보이기도

하고 보이지 않기도 하며, 손에 잡을 수 있기도 하며 잡을 수 없기도 한 것들입니다. 아주아주 애매한 것들입니다.

그러니 우상숭배는 하나님을 떠나는 것이 아닙니다. 애매하게 하나님'도' 섬기는 것입니다. 하나님만 섬기는 것이 아니라, 애매하게 하나님'도' 섬기는 것입니다.

예수님은 마지막 대답으로, 이치에 맞는 말, 논리, 성경의 약속들로 하나님을 시험하지 말라고 합니다. 왜냐하면, 사실 그들은 이치에 맞는 말, 논리, 성경의 약속들로써, 하나님을 안 믿으니까요. 오히려 하나님을 시험하니까요. 잘 들어보세요. 예수님은 죽음이 확실시된 십자가 앞에서 '나를 지켜주는 하나님' 혹은 '나를 지키는 천사를 보내주세요'라고 하지 않았습니다. 내 뜻대로 하지 마시고, 아버지의 뜻대로 되기를 바란다고 하셨습니다. 예수님은 자신의 운명 앞에서 자신의 기준을 내려놓으셨습니다. 왜냐하면 그것이 하나님을 믿는 의미니까요.

나는 인정할 수 있는가?

마지막으로 정말 중요한 차원에 대해서 이야기하려 합니다. 그리스도인들에게 '시험'이라는 단어는 매우 중요한 단어입니다. 그리고 그 영역에서 그대는 늘 '피해자'라는 인식을 가집니다. 아니, 확신을 가집니다. 그 이유는 '내가 시험에 들었기' 때문입니다. 번역한즉, 나는 무고하고, 나는 가만히 있고, 나는 연약한데, 결국 내가 이해할 수 없는 어떤 딜레마(dilemma)와 트릴레마(trilemma)에 빠져서, 피해를 입었다고 생각합니다.

그 심연 깊은 곳에는 신앙의 문법도 있습니다. 그것은, 피해를 입은 그대는 하나님 편에 있는 사람이고, 그대는 하나님을 기쁘게 하는 사람이고, 그대가 결국 이 교회를 가장 위하는 사람이라고 생각하는 것입니다.

그런데 예수님의 제자들도 동일하게 생각했을 것입니다. 그들이 늘 피해자이고, 시험에 든 사람입니다. 동시에 제자들은 늘 예수님을 위해서 가장 노력하는 사람들, 예수님을 기쁘게 하는 사람들이라고 생각하죠. 그런데 제자들만 그러했을까요?

당시 유대인들도 동일하게 그렇게 생각했을 것입

니다. 자신은 하나님나라를 위하는 사람들이고, 율법을 수호하는 사람들이라고 생각했을 것입니다. 더 나아가 다윗에게 언약한 시온의 회복을 기다리는, 외롭고 슬픈 의인이라고 생각했을 것입니다. 그런데 유대인들만 그러했을까요?

당시 1세기 유대교를 둘러싸고 있었던, 다양한 관점의 바리새파(Pharisaioi), 사두개파(Sadducees), 에세네파(Essenes), 열심당(Zealots), 헤롯당(Herodians) 등도 마찬가지 입장이었을 것입니다. 아무도, 스스로 자신이 하나님을 대적하는 사람이라고는 생각하지 않았을 것입니다. 모두 자신들은 하나님의 뜻대로 살며, 율법을 수호하는 사람들이라고 생각했을 것입니다. 그런데 예수님은 이렇게 대답합니다.

제자들이 성경 말씀에
주의 전을 사모하는 열심이
나를 삼키리라 한 것을 기억하더라
이에 유대인들이 대답하여 예수께 말하기를
네가 이런 일을 행하니
무슨 표적을 우리에게 보이겠느냐

예수께서 대답하여 이르시되

너희가 이 성전을 헐라

내가 사흘 동안에 일으키리라

유대인들이 이르되

이 성전은 사십육 년 동안에 지었거늘

네가 삼 일 동안에 일으키겠느냐 하더라

그러나 예수는 성전된

사기 육체를 가리켜 말씀하신 것이라

죽은 자 가운데서 살아나신 후에야

제자들이 이 말씀하신 것을 기억하고

성경과 예수께서 하신 말씀을 믿었더라

요한복음 2장 17-22절

예수님은 유대인들에게도, 제자들에게도 찬물을 끼얹었습니다. "너희가 주의 전을 사모하는 열심이 오히려 나를 힘들게 하는 거야", "이 성전을 짓는 데 46년이나 걸렸지? 그런데 그것이 하나님을 힘들게 하는 거야. 내가 삼 일에 일어나는 것을 보여줄게." 그런데 그것이 무엇일까요?

예수님이 삼 일 만에 보여준다는 것은 그분의 십

자가입니다. 이것은 성전 메커니즘으로, 사람에게 생명을 불어넣어 주는 것이 아니라, 십자가의 방법으로 사람들에게 생명을 주는 것을 말씀하시는 것입니다. 당시에는 예수님의 이 말이 이해가 안 되었지만, 제자들은 예수님의 십자가 이후에 그것을 믿었습니다. 왜요? 결국 예수님은 자신이 십자가에서 죽어야 생명이 살아난다는 것을 믿었으니까요. 이것이 예수님의 대답입니다. 이 예수님의 정확한 대답은, 당시의 수많은 종파, 모임, 열심, 희망, 경전들과는 다른 언어였습니다. 그래서 그들이 보기에 예수님이, 하나님의 뜻을 가장 모독하는 것처럼 보였던 것입니다. 그런데 성경이 보여준 실상은 완전히 반대였습니다.

이제 그대에게 시험에 드는 말을 합니다. 풀어보세요. 못 풀면, 마음껏 시험에 드시기 바랍니다. 이 광야에서 예수님을 시험하는 사람이, 사탄이 아니라 그대입니다. 광야에서 예수님에게 "돌이 변해서 떡이 되게 해주세요"라고 예수님을 시험하는 사람이, 사탄이 아니라 그대입니다. 그대는 인정할 수 있습니까? 확고한 교만의 정점으로, 예수님을 시험하는 존재가 그대입니다. 그대는 정녕, 인정할 수 있습니까?

이 광야에서, '천하만국과 영광'이라는 망상으로 예수님을 시험하는 사람이, 사탄이 아니고 그대입니다. 그대는 인정할 수 있습니까? 그대는 그대가 꿈꾸는 것이 확실하기에, 그 확고한 교만의 정점으로, 예수님을 시험하는 존재입니다. 그대는 정녕, 인정할 수 있습니까?

이 광야에서 이치에 맞는 말, 논리, 성경의 약속들로 예수님을 시험하는 사람이, 사탄이 아니고 그대입니다. 그대는 인정할 수 있습니까? 그대가 이해되는 '말이 되는 신앙의 논리'를 버리지 못하는 사람이 그대입니다. 그 확고한 교만의 정점으로, 예수님을 시험하는 존재가 그대입니다. 그대는 정녕, 인정할 수 있습니까?

광야에서 선지자의 음성을 듣지 않고, 경거망동하며 망상하는 것도 그대입니다. 그대는 인정할 수 있습니까? 사실 매번 사탄처럼, 음흉하게 예수님을 가장 힘들게 하는 사람이 그대이고, 그대가 다니는 교회를 가장 힘들게 하는 사람도 그대입니다. 그대는 정녕 겸손하게 인정할 수 있습니까?

그런데 그대는 인정하지 못할 것입니다. 왜요? 그대는 46년 동안 성전을 지은 사람이니까요. 그대는 열심이 있으니까요. 그대는 외롭고 의로운 사람이니까요. 그대는 교회를 위해서 늘 앞장서서 봉사하는 사람이니까요. 그대는 헌금을 많이 하는 사람이니까요. 그대는 매일 예배를 드리는 사람이니까요.

그대는 결코 예수님의 언어를 인정하지 못할 것입니다. 그런데, 그런 그대가 가장 교만한 사람일 것입니다. 그러니, 아프게 말해봅니다. 어쩌면 그대가 가장 사탄을 닮았는지도 모르겠습니다.

그대와 나, 우리는 예수님을 자주 힘들게 했다고,
인정해야 합니다.

그대와 나, 우리가 예수님을 십자가에 못 박았다고,
인정해야 합니다.

교만

초판 1쇄 발행 2025년 4월 14일

지은이 김일환

펴낸이 여진구
책임편집 안수경 김도연 박소영
편집 이영주 최현수 구주은 김아진 정아혜
책임디자인 정은혜 노지현 | 마영애 조은혜
홍보·외서 진효지
마케팅 김상순 강성민   **마케팅지원** 최영배 정나영
제작 조영석 허병용   **경영지원** 김혜경 김경희

303비전성경암송학교 유니게 과정
이슬비전도학교 / 303비전성경암송학교 / 303비전꿈나무장학회

펴낸곳 규장

주소 06770 서울시 서초구 매헌로 16길 20(양재2동) 규장선교센터
전화 02)578-0003   **팩스** 02)578-7332
이메일 kyujang0691@gmail.com   **홈페이지** www.kyujang.com
페이스북 facebook.com/kyujangbook   **인스타그램** instagram.com/kyujang_com
카카오스토리 story.kakao.com/kyujangbook
등록번호 1922-2461
since 1978.08.14

책값 뒤표지에 있습니다.
ISBN 979-11-6504-610-1 03230

규 | 장 | 수 | 칙

1. 기도로 기획하고 기도로 제작한다.
2. 오직 그리스도의 성품을 사모하는 독자가 원하고 필요로 하는 책만을 출판한다.
3. 한 활자 한 문장에 온 정성을 쏟는다.
4. 성실과 정확을 생명으로 삼고 일한다.
5. 긍정적이며 적극적인 신앙과 신행일치에의 안내자의 사명을 다한다.
6. 충고와 조언을 항상 감사로 경청한다.
7. 지상목표는 문서선교에 있다.

하나님을 사랑하는 자 곧 그의 뜻대로 부르심을 입은 자들에게는 모든 것이 合力하여 善을 이루느니라(롬 8:28)

Member of the
Evangelical Christian
Publishers Association

규장은 문서를 통해 복음전파와 신앙교육에 주력하는 국제적 출판사들의
협의체인 복음주의출판협회(E.C.P.A:Evangelical Christian Publishers
Association)의 출판정신에 동참하는 회원(Associate Member)입니다.